Vencer o convencer
El arte del debate inteligente

La colección Divulgación y Transferencia se crea con la función principal de comunicar los resultados de la investigación científico-técnica a la sociedad, para así acercarla al público general.

Comité científico de la colección

Dirección
Noemí Ávila Valdés. Universidad Complutense de Madrid, España

Secretaría
María Ángeles Alonso Garrido. Universidad Complutense de Madrid, España

Asesoría
María Victoria López López. CUNEF Universidad, España

Anabel Bonilla Calero. Agencia Nacional de Evaluación de la Calidad y Acreditación (ANECA), España

Vicent Giménez Chornet. Universidad Politécnica de Valencia, España

María José Morales Gázquez. Universidad de Las Palmas de Gran Canaria, España

Jesús López Alcalde. Centro Cochrane Asociado de Madrid, España

María Ángeles Ciprés Palacín. Universidad Complutense de Madrid, España

Enrique A. Morales González. Universidad Veracruzana, México

César Poyatos Dorado. Universidad Autónoma de Madrid, España

Vencer o convencer
El arte del debate inteligente

Eduardo Guibelalde del Castillo

EDICIONES
COMPLUTENSE

PRIMERA EDICIÓN: JUNIO 2025
PRIMERA REIMPRESIÓN: SEPTIEMBRE 2025

© 2025, Eduardo Guibelalde del Castillo
© 2025, Ediciones Complutense
Pabellón de Gobierno
Isaac Peral s/n
28015 Madrid
913 941127
info.ediciones@ucm.es
http://www.ucm.es/ediciones-complutense

ISBN: 978-84-669-3922-5
Depósito Legal: M-8522-2025

Diseño de cubiertas de la colección: Koln Studio
Imagen de cubierta: Freepik

Todos los recursos gráficos y tablas contenidos en esta publicación
han sido elaborados por el autor.

Impresión
Solana e Hijos Artes Gráficas
San Alfonso, 26. Bº La Fortuna
28917 Leganés (Madrid)

Ediciones Complutense es miembro de Unión de Editoriales Universitarias Españolas (UNE) y está asociada a Cedro.

Ediciones Complutense garantiza un riguroso proceso de selección
y evaluación de los trabajos que publica.

Printed in Spain

¿A quién invitamos a las nuevas bodas de Mercurio, dios de la comunicación, y Filología, diosa de la argumentación?

Yo invitaría a dioses griegos y romanos: a Atenea, diosa del razonamiento y la justicia; a Alethia, diosa de la verdad; a su enemiga Ápate, diosa de la mentira; a las musas del respeto y la empatía; a las de la mesura y sobriedad en el lenguaje, si es que aún viven en este mundo tan polarizado. No olvidemos al filósofo Aristóteles, maestro de la lógica, baluarte frente a los sofismas.

Bienvenidas sean también todas las hijas de Zeus y Mnemosine. Disfrutemos con su música y sus danzas. Escuchemos sus poemas: hablan sobre el gran teatro del mundo y otros misterios del universo.

Dediquemos los capítulos de este libro a cada uno de ellos.

Permitidme añadir a la lista de invitados a Lily: filóloga, compañera inseparable en multitud de batallas dialécticas, sin vencedores ni vencidos.

A Eduardo: mi padre, noventa y cinco años en busca de la perfección. A él le debo la corrección de este libro.

A Soledad: madre de sonrisa eterna y dulzura infinita, dondequiera que habites. De ti aprendí a plasmar mis pensamientos en palabras escritas.

A Mercedes: pediatra, pianista, compositora, hermana.

A mis hijos, Eduardo y Daniel, fuente de hegelianas discusiones.

A mis nietos: Adrián, Carolina, Isabel, Jimena y a los futuros por nacer. Con ellos cada día aprendo a razonar con la aplastante lógica del peso de los argumentos de la inocencia.

Vencer no es convencer *

Miguel de Unamuno.
Conferencia en el Paraninfo de la
Universidad de Salamanca.
12 de octubre de 1936

(*Se desconoce la expresión literal)

Índice

Presentación

Nada hay tan apasionante como la docencia, ya sea a los estudiantes de grado o a los que se encuentran en su periodo de formación una vez terminada la licenciatura. Desde mi faceta de médico debo decir que, de entre las actividades que he realizado en mi vida: asistencial, de investigación y de docencia, esta última ha sido la más satisfactoria, y es que nada hay tan bonito en la vida como enseñar y transmitir. En este sentido es primordial tener vocación, pero tan importante o más es saber enseñar y cómo trasladar conocimientos que sean útiles y que motiven a los discentes. No se trata de inundarles de conocimientos, sino de transmitirles valores, actitudes, información, ética y motivación.

Hoy la universidad ha cambiado enormemente en relación con aquella que hemos vivido durante el siglo xx y no digo respecto a los anteriores. La selección del profesorado, antaño amparada en los conocimientos y en la capacidad docente del profesor, hoy ha sido sustituida por nuevos conceptos como el *curriculum vitae* expresado a través de las publicaciones, factor de impacto, proyectos de investigación, horas de gestión y prácticas docentes. La selección de los profesores está sin duda actualmente basada en ítems que puedan ser valorados de manera explícita, pero no se tiene en cuenta la capacidad oratoria y la habilidad en la transmisión de conocimientos. Lamentablemente se puede ser hoy en día profesor sin que ningún tribunal o comisión haya oído al docente expresarse y poder juzgarle en su capacidad formativa, comunicativa y motivadora.

Hemos perdido al maestro en aras de un cualificado profesional que quizás nunca pensó en serlo, pero que, obviamente, llegada la oportunidad la aprovecha. En eso no hemos cambiado socialmente, ya que el prestigio de un catedrático sigue siendo alto y bien valorado, pero su vocación y dedicación es absolutamente diferente.

Formación e información es el dilema docente más esencial. Todos hemos tenido profesores en los que hemos valorado su gran conocimiento, y a la par otros, que quizás fueran menos sabios, pero que hemos estimado enormemente por su capacidad didáctica y comunicativa. Si pensamos en nuestra propia formación cuando éramos estudiantes, en la cantidad de profesores que nos han enseñado en las diferentes asignaturas, seguro que llegamos a la conclusión de que tan solo unos pocos (se pueden contar con los dedos de una mano) nos impactaron y fueron determinantes en nuestra formación.

Pensemos además que hoy en día las fuentes de información han cambiado enormemente, de modo que el estudiante o el aprendiz puede encontrar en internet, ChatGPT, Google, etc., datos más contrastados y fiables que los que propiamente les puede transmitir el profesor. Por eso es tan importante la parte formativa, aquella que deja una huella indeleble y enseña al estudiante a seleccionar, comunicar, transmitir, pensar, buscar datos fiables y a ser lógicos y consecuentes.

En este contexto este libro de Eduardo Guibelalde del Castillo es de gran interés y recibo, dado todo lo que guarda en su interior y por cuanto trascenderá al lector por lo que lee para agitarle el cerebro. Dice el autor del libro *Vencer o convencer:* «Un minuto de pensar equivale a una hora de hablar». En esa frase se encierran los secretos de este ensayo que, en definitiva, está orientado a que en la era de la información le prestemos atención a la conformación de nuestro espíritu.

Yuval Noah Harari, en su reciente libro *Nexus* nos habla de las redes de información desde la Edad de Piedra hasta la inteligencia artificial, señalando la importancia de las redes humanas en la transmisión de la verdad y de la posverdad. Hoy sabemos que la inteligencia artificial conformada por el *maching learning*, el *deep learning*, las redes neuronales y los *big data* ha generado la denominada cuarta revolución que está transformando la sociedad en tan solo unos años. Pensemos que la tercera revolución, la revolución industrial necesitó décadas para imponerse y que fuera aceptada globalmente tanto de manera individual como colectiva, de modo que estamos ante un verdadero cambio de paradigma, una revolución sísmica. Como dice Omar Hatamleh, experto mundial en inteligencia artificial, en su libro *Esta vez es diferente*, la inteligencia artificial trasciende a la humanidad, de modo que hay un antes y un después. Su impacto abarca todos los terrenos, y con toda seguridad a la educación y a la formación.

Como decía Albert Einstein: hay que adaptarse al cambio; y no solo eso: tenemos que saber desaprender. Alvin Toffler (1928-2016) escritor sociólogo y futurista decía en su libro *El shock del futuro:* «Los analfabetos del siglo XXI no serán aquellos que no sepan leer y escribir, sino aquellos que no sepan aprender, desaprender y reaprender».

Actualmente el mundo que nos movemos gira en torno a la inteligencia artificial generativa mediante la cual podemos crear contenidos como textos, imágenes, audio o vídeo, y está siendo ampliamente utilizada con aplicaciones reales como ChatGPT, DALL-E, etc.; pero se nos viene encima la inteligencia general que busca replicar la capacidad de razonamiento y aprendizaje humano en toda su amplitud, lo que se trasladará en resolver problemas, aprender y adaptarse sin intervención humana y entender y responder con creatividad, intuición y lógica tal y como lo hace el ser humano. Esta última, la inteligencia general, aún está en investigación y desarrollo, pero pronto será una realidad.

La divulgación científica no es solo un acto de comunicación, sino una responsabilidad ética, algo que ya advirtió nuestro gran Gregorio Marañón cuando en los años 50 del siglo pasado publicó el libro *Vocación y ética*, dos palabras que encierran en sí mismas los valores que deben adornar al médico y al ser humano en general, aunque hoy en día hayan sido dejadas de lado en razón del pragmatismo, ahorro de tiempo, la incorporación tecnológica, y el acceso a la información. No olvidemos que muchos estudiantes acabarán siendo líderes, educadores y embajadores del cambio, y que necesitarán un acceso a la información y a las nuevas tecnologías, que sea ordenado y por tanto capaz de discriminar, adaptar y aplicar el conocimiento adecuado a cada caso y momento, y todo ello aderezado con un comportamiento empático y compasivo con el enfermo. Inteligencia artificial y medicina humanista deben pues darse la mano para realizar un abordaje holístico aprovechando todas las nuevas tecnologías para garantizar los mejores resultados. Por eso vocación y ética son tan trascendentales.

Sin duda, una de las preguntas que se hará el lector es por qué es diferente este libro de Eduardo Guibelalde del Castillo. El autor nos traslada a un nuevo universo en la formación y en el aprendizaje. Todo lo que escribe tiene un gran sentido, motiva la reflexión, y se hace preguntas de gran trascendencia, por lo que el lector no se quedará indiferente. Ya en su anterior libro *Ya no vuelan cometas en los Cerros del Viento*, Eduardo nos sumía a una situación de misterio, intriga y trama que hizo las delicias del lector y que ahora nos traslada al mundo del aprendizaje y de la enseñanza.

Eduardo Guibelalde del Castillo (Madrid 1960), físico, es catedrático de Universidad en el Departamento de Radiología, Rehabilitación y Fisioterapia de la Facultad de Medicina de la Universidad Complutense de Madrid, donde dirige el grupo de investigación «Física médica e instrumentación biomédica». Tiene más de 180 publicaciones científicas, además de numerosos proyectos de investigación y, sobre todo, muchos años en sus espaldas dedicados a la docencia. Una autoridad que se refleja en el extraordinario libro que ha escrito. Todo ello lo adorna con numerosas cualidades personales, de las que puedo dar fe, y que ha culminado con su integración reciente como Académico Correspondiente de la Real Academia Nacional de Medicina de España donde nos da muestras diarias de su talento y valía humana.

Por eso recomendamos este libro para todos los estudiantes de Medicina o residentes en periodo de formación, ya que encontrarán respuestas a muchas de sus inquietudes, abriéndoles expectativas únicas para poder progresar en una profesión tan vasta y compleja. Esta recomendación me atrevo a hacerla extensible a toda persona que desee comunicar, divulgar y transferir conocimiento, usando estrategias y modelos mediante un lenguaje universal que despierte curiosidad y fomente el entendimiento y la empatía.

Ahora, estimado lector, siéntese a disfrutar de este libro, que a mí se me antoja un ensayo, en el que se invita al interesado a pensar y meditar sobre la docencia en general y muy en particular sobre las habilidades y capacidades comunicativas que la sociedad moderna exige en la que cada cual, como dice el autor: «... demuestre lo que sabe hacer».

Eduardo Díaz-Rubio
Presidente de la Real Academia Nacional
de Medicina de España

Prólogo

No me tengo por un gran orador: nunca he ganado un concurso de debate en la universidad (de hecho, nunca he participado); tampoco soy asesor de imagen, psicólogo o *coach;* no me considero una persona con un especial don de gentes (soy, mejor dicho, era muy tímido, algo reservado en mi etapa adolescente). ¿Quién soy yo para dirigirme a ti, lector, para aconsejarte sobre cómo mejorar tus habilidades de argumentación y de oratoria?

Confieso: no soy enólogo o experto en cata, pero sé distinguir el vino que saboreo con gusto del que me raspa la garganta. Soy un sibarita de la buena discusión: brillante, chisposa, emocional y racionalmente inteligente. Me molesta la falacia y los atentados a la lógica. Me molestan los clichés y los argumentos incoherentes. Soy padre y abuelo: de mis nietos aprendo la lógica de los argumentos, con el sentido común que solo poseen los niños.

Soy catedrático de universidad: he tenido la suerte durante más de cuarenta años de ver pasar por mis aulas a alumnos de altísimo talento y capacidades. He visto a muchos llegar muy lejos en sus carreras profesionales; también he visto lágrimas y abandonos. ¿Cuál es la clave del éxito?

Vivimos unos tiempos en los que ya no basta con tener altos conocimientos académicos o un buen expediente. Demostrar tus habilidades y competencias comunicativas; argumentar con coherencia en una entrevista de trabajo, un tribunal de oposición, un examen de nivel de idiomas; presentar un proyecto para lanzar una empresa emergente o pedir financiación a un banco, son retos de la sociedad actual.

Cada vez más las empresas van a poner encima de la mesa: no me cuentes tus méritos, no enumeres cuántas titulaciones acumulas y demuéstrame lo que sabes hacer. Nuestros alumnos, nuestros hijos, nosotros mismos somos niños que caen en una piscina por accidente. Nuestra preocupación es salir a flote:

poco importa si tenemos un diploma emitido por una prestigiosa escuela de natación.

Las empresas valoran personas con criterio y juicio independiente (al menos, esa es mi esperanza, tal vez, por el contrario, solo busquen fieles y disciplinados seguidores). ¿Estamos preparados para estos retos?, ¿somos conscientes de nuestras propias fortalezas y debilidades?

¿Eres, o has sido, un alumno brillante, pero te cuesta relacionarte con otros compañeros de trabajo, con tus jefes? ¿Alguien te ha tachado alguna vez de «niño repelente»?, ¿te falta autoestima o inseguridad al exponer tus ideas?, ¿miedo a hablar en público?, ¿te cuesta trabajar en equipo?, ¿vencer la vergüenza o la timidez? ¿Eres en algunos aspectos «divergente» por tus ideas o forma de ser y no has encajado en los sistemas educativos tradicionales? ¿Has sufrido acoso escolar o te has enamorado de la persona equivocada? Este libro va dirigido a ti.

¿Aspira tu hijo o hija, tú mismo, querido lector, a ser *influencer*, *youtuber*, *monologuista*, experto en redes sociales, comunicador o tertuliano, actor o actriz, o tal vez, dadas tus inquietudes sociales aspiras a triunfar en la política? ¿Sueña tu hijo o hija con acceder a la profesión docente, pero teme enfrentarse al aula? ¿Experto en ventas? ¿Eres capaz de cerrar una venta con empresarios chinos o una negociación en el Parlamento Europeo? ¿Quizá quieres ser profesional de la medicina y tienes que pasar una prueba ECOE con pacientes-actores para obtener tu título? ¿Tienes miedo a que tu hijo o hija se deje influenciar por falsas noticias? Este libro va dirigido a todos vosotros.

No pretendo guiarte para ganar concursos. No es mi objetivo sermonear ni adoctrinar. ¿Qué ofrezco y qué espero de mis lectores? Sentido común, empatía, afán por mejorar. Respeto y tolerancia con los que piensan con argumentos diferentes. Aprender a escuchar, antes que hablar. Superar el miedo escénico. Hablar con corrección y exponer ideas con claridad, coherencia y cohesión. Manejar con espíritu crítico las herramientas de comunicación audiovisual y redes sociales. Apoyarse en fuentes fidedignas. Mejorar la autoestima. Detectar falacias en los discursos y mensajes ambiguos o de manipulación. Perder el miedo a debatir y exponer las propias ideas en público.

La práctica hace al maestro y por ello este libro está pensado como una iniciación teórica para desarrollar talleres altamente participativos. Como se mencionan en diferentes documentos y guías de la Unión Europea, la educación para la vida debe sustentarse en tres pilares que conforman el sistema KSC, en inglés (*Knowledges, Skills, Competences*): teoría (*Knowledge*), pilar para construir habilidades (*Skills*); con ellas asumimos responsabilidades y tareas específicas (*Competences*).

Este no es un libro de autoayuda. Nada se construye sin una base sólida de conocimientos y, en especial, sin unas reglas de juego. Este pequeño libro de divulgación pretende aportar ideas y conocimientos que nos permitan avanzar en las habilidades que conduzcan a mejorar nuestras competencias discursivas y argumentativas. Los contenidos que trataremos son diversos ya que el proceso del debate y la oratoria es complejo y exige dominar distintos aspectos formativos. Este libro recoge principios y técnicas de distintos campos del conocimiento: lógica, ética, lingüística, teatro, física y matemáticas son algunas de las musas que inspiran esta guía.

¡Ojalá este libro os ayude a afinar el gusto por la argumentación inteligente!

Eduardo Guibelalde del Castillo
Madrid, noviembre de 2024

1. Motivación

Cuando surgió la idea de este proyecto, mi motivación principal fue intentar aportar un texto de lectura rigurosa y amena sobre una variedad de competencias necesarias para la formación integral de los estudiantes de Medicina. Las transcritas más abajo están extraídas de una guía de mi propia facultad[1] y hacen referencia a las competencias transversales que debería adquirir el futuro médico. Existen guías más actualizadas para la formación de residentes. En mi opinión, muchos de estos ítems tendrían que trabajarse en los primeros años de facultad, incluso desde edades mucho más tempranas.

Ser capaz de:

- *Manejar aspectos relacionados con la comunicación verbal (claridad, orden, lenguaje adecuado…).*
- *Manejar aspectos relacionados con la comunicación no verbal (postura, mirada, gestualidad…).*
- *Iniciar la entrevista. Tomar contacto.*
- *Escuchar con atención, obtener y sintetizar información pertinente sobre el problema de un paciente.*
- *Comunicarse de forma efectiva y clara, oral y escrita, con los pacientes y familiares.*
- *Dirigirse con empatía a los pacientes a través de una buena comunicación.*
- *Valorar críticamente y utilizar las fuentes de información para comunicar la información científica.*
- *Hacer una exposición científica ante un auditorio.*
- *Comunicarse eficazmente con un colega cuando lo requiera el paciente.*

---

[1] Ángel Nogales, Jorge García Seoane, Ramiro Díez Lobato, Felipe Calvo y Jesús Millán. *Competencias para el grado de Medicina de la Universidad Complutense de Madrid. Documento base.* Madrid: Cátedra de Educación Médica. Fundación Lilly-UCM, 2008.

- *Comunicarse de forma efectiva y clara, oral y escrita, con los medios de comunicación.*
- *Reconocer las propias limitaciones para solicitar colaboración de colegas.*
- *Conocer las limitaciones de las pruebas estadísticas.*

Ser consciente de:

- *La justificación de una decisión médica.*
- *La necesidad de sustentar las decisiones en hechos demostrados.*
- *Las fuentes de la evidencia (publicaciones, protocolos, guías de práctica).*
- *La forma de conseguir y actualizar las fuentes de la evidencia.*
- *La importancia del equilibrio entre evidencia y experiencia clínica.*
- *La metodología científica.*
- *Cómo hacer un análisis crítico de la significación estadística y su relación con la clínica.*

El punto de unión de todas ellas, lo imaginé en el campo del debate, la argumentación y la oratoria. Comentada mi idea con otros amigos y colegas me hicieron ver que estas necesidades, junto a otras muchas carencias de la sociedad actual: respeto, sentido común y razonamiento lógico era urgente abordarlas no solo en el campo de las ciencias de la salud. La necesidad de argumentar desde la fuerza de la razón y no desde la confrontación es esencial en multitud de estudios y profesiones: derecho, comunicación, ventas, ciencias políticas, pero también en el ámbito privado y familiar.

Gracias a sus palabras de ánimo, el resultado es este libro entre tus manos.

2. El debate sin respeto no es debate, es insulto

Es un clásico en afamadas comedias: todo empieza como un juego inocente. El público ríe con ganas por las situaciones creadas y los ingeniosos diálogos, brillantes, con chispa y gracejo, cargados de dobles sentidos y juegos de palabras. Incluso los propios actores ríen con sus propias morcillas. El público de las filas más alejadas del escenario apenas puede seguir los diálogos que se suceden con rapidez entre carcajada y carcajada del público. De forma brusca todo cambia. Uno de los actores le escupe a otro una verdad dura y certera como un puñetazo directo a la mandíbula. Los actores hacen una estudiada pausa. Se crea un tenso silencio (la fuerza de las pausas). Ya no hay espacio para las risas entre el público. La fina ironía ha dejado paso al ataque personal. Los guionistas nos preparan para el cambio de tercio. Se masca la tragedia. Eso sucede en el teatro; también, con cierta frecuencia, puede ser el final de una discusión que se nos ha ido de las manos. Tal vez hayas cruzado una línea roja. Si estamos en un debate privado, nos arriesgamos a perder una amistad de años; en un debate público, una posible denuncia por delito ante el honor.

Una delgada línea separa, en la confrontación dialéctica, la libertad de opinión de la ofensa individual o colectiva. Andemos con pies de plomo en este aspecto. La situación puede escapar a nuestro control.

Múltiples son las formas de ofender y difamar: algunas más sutiles que otras, pero todas deberían evitarse. «Eres analfabeto» o «los que piensan así son subnormales o no tienen estudios» son insultos directos. En este último ejemplo, además se incluye un término despectivo para dirigirse a un colectivo sensible (subnormal) o desfavorecido (sin estudios). «Hasta un niño de cuatro años sabe eso», «todo el mundo lo sabe» o «no entiendo que tú, hombre de ciencias, cree en la existencia de Dios», son ofensas un poco más elaboradas y entran dentro de la categoría de las falacias (ver capítulo siguiente), pero tienen el mismo fin: ofender a la persona; colocarnos en una situación de superioridad, aún no merecida por la fuerza de los argumentos.

Seamos conscientes: todo el mundo se tiene en alta estima (incluso los que afirman no tenerla). Nuestra familia, nuestras creencias, nuestra tierra, nuestra sexualidad, en definitiva, nuestra vida privada, son áreas de alta sensibilidad y si provocamos la humillación, voluntaria o involuntariamente, en esos espacios habremos perdido el respeto y podemos entrar en terreno pantanoso. Afirma el filósofo Schopenhauer (lo citaremos en detalle en próximos capítulos): «Nada le importa al hombre más que la satisfacción de su vanidad y ninguna herida le duele más que cuando se golpea esta».

Mi consejo es simple: llenemos las alforjas de empatía; lo que no me gustaría escuchar sobre mí, jamás lo usaré contra los demás o me arriesgo a sacar lo peor del ser humano. Hace unos años hemos asistido durante la entrega de los premios Óscar a la violenta reacción en forma de bofetada de Will Smith al presentador de la gala. No entremos aquí si está o no fuera de lugar la reacción del actor. ¿Es una actitud en cierto modo justificable? ¿Es una actitud machista defender a su esposa? ¿Y si en vez de hacer la broma sobre ella lo hubiera hecho sobre su hijo? Otra situación similar: un futbolista del Real Madrid golpeó violentamente después del partido a un rival del equipo contrario, según fuentes, por alusiones a su hijo ¿Es más o menos culpable uno que otro? ¿Y si, como resultado de la agresión, por azar o mala suerte, uno de los agredidos hubiera fallecido golpeando su cabeza al caer? Uno será sancionado por una falta, el otro por homicidio involuntario, tal vez con pena de cárcel. Tema de debate: en ambos casos ambos reaccionaron igual movidos por los mismos motivos. Las consecuencias fueron muy diferentes. ¿Juzgamos los actos o las consecuencias de nuestros actos?

Podemos ofender por desconocimiento cultural. Recordemos: no todas las sociedades usan los mismos códigos. Tengamos cuidado con los gestos de las manos. Por ejemplo, levantar el pulgar como signo de aprobación en algunas culturas se entiende como un gesto obsceno similar a nuestro «hacer una peineta».

Otros ejemplos, aunque no entrarían propiamente en el capítulo de la ofensa, podrían llevarnos a malinterpretar la información. Para un búlgaro asentir con la cabeza significa «no». Un japonés raramente usará la palabra «no» durante una negociación, aunque no esté de acuerdo con sus términos. Durante un curso impartido hace unos años en Singapur con alumnos asiáticos me sorprendió que nadie hiciera ninguna pregunta en toda la semana de duración, a pesar de mi afán por hacer las clases participativas. Finalmente, uno de los organizadores me desveló el misterio: preguntar a un profesor no está bien visto; da a entender que el maestro no ha sabido explicarse con claridad.

Interrumpir al que está hablando o no respetar el turno de palabra puede ser una estrategia acertada en ciertos debates, siempre que se use con moderación, pero puede indicar una gravísima falta de respeto al que está hablando o al propio auditorio. En España estamos bastante acostumbrados a dicha forma de debatir y de este modo «hacemos que la discusión sea más participativa y ágil y evitamos que esto se convierta en un monólogo» (entrecomillo, porque es la falacia que uso con mis amigos y familia para justificar la interrupción del proceso argumentativo del hablante). No os lo recomiendo: mi esposa odia que le interrumpan y más de un disgusto me ha costado.

Tengamos cuidado con ciertas frases hechas. Si en medio de mi argumentación se me escapa algo similar a: «Te juro por mis hijos que…» o «podría jurar sin miedo a equivocarme que…» podríamos estar ofendiendo de forma muy grave a un musulmán, pues en su religión: «Quien jura, que jure por Dios o se mantenga callado». En la cultura judeocristiana también podría considerarse que estamos jurando en vano, en contra del segundo mandamiento de la Ley de Dios.

Recuerdo que durante un seminario que impartía en mi facultad desencadené de forma totalmente involuntaria la humillación pública de una alumna excepcionalmente brillante. La joven siempre se sentaba en las primeras filas, solía plantear dudas y aportar comentarios de un nivel de dificultad muy por encima de los objetivos del curso y, seguramente, por encima del nivel medio de conocimientos de sus compañeros de clase. Durante la resolución de un ejercicio me dirigí al aula solicitando voluntarios para su ejecución. La mencionada alumna levantó la mano: sorprendentemente erró en sus explicaciones. Asumiendo mi papel de profesor procedí a enunciar la solución correcta. El resto de los compañeros prorrumpió en aplausos hacia mi persona. En un primer momento no supe entender qué estaba pasando hasta que pude observar la cara enrojecida de la alumna y las lágrimas llamando a sus ojos.

Una falacia es un argumento que con apariencia de verdad persigue engañar, descalificar al contrario o desviar el objeto de la discusión. La falacia (del latín *fallatia*, engaño; también sofisma) puede encerrar construcciones lógicas erróneas o malintencionadas. Los argumentos falaces del tipo *ad hominem, ad populum* o del tipo generalización apresurada son con frecuencia los que pueden esconder insultos, falta de respeto personal o hacia ciertos colectivos. Otras categorías de falacias se tratarán en capítulos siguientes.

La falacia *ad hominem* se enmarca en un conjunto de estrategias que implican trasladar el objeto del debate a la persona, no al tema en sí mismo. Lógicamente, la estrategia persigue desacreditar al hablante para que sus argumentos pierdan fuerza o credibilidad. Encierra o roza las fronteras de la difamación o el insulto. Puede tomar diversas formas: no solo atacando directamente al individuo, también sus circunstancias o sus pautas de actuación pasadas o presentes (y tú lo mismo o tú más, o tú peor). Pongamos algunos ejemplos:

   — «Todo lo que venga de alguien como usted es mentira y no merece ni un minuto de mi tiempo en debatir», «¿acaso tú que ni siquiera tienes el graduado escolar te crees experto en pedagogía para decirme cómo educar a mis hijos» (ataque personal).

- «¿Cómo puedes defender las ventajas de la dieta vegetariana si tus padres son dueños de una cadena de carnicerías: gracias a ello te han pagado tus estudios?», «tú eres enfermera, así que tu opinión afirmando que en todos los centros escolares debería haber una enfermera en plantilla carece de toda validez objetiva», «¿y tú te permites afirmar que el Real Madrid es el mejor equipo del mundo cuando hasta hace un año eras socio del Atlético?», «haces mal al confiar en esa persona: recuerda que su padre estuvo en la cárcel y su madre era aficionada a la bebida. Ya se sabe, eso se lleva en la sangre: de tal palo, tal astilla» (circunstancial/trayectoria personal).

- «¡Pues no me ha dicho el médico que deje de fumar y hoy mismo me lo he encontrado en la calle con un puro en la boca!», «los consejos que pueda darte ChatGPT o cualquier forma de inteligencia artificial sobre la privacidad y el derecho de protección de datos son mentira; ¿acaso las multinacionales que los controlan no son las primeras en capturar tus datos personales?» (y tú más y peor).

Nótese que estos tipos de falacias también puede usarse en una suerte de parada-respuesta (usando el término de la esgrima):

- «¿Me está llamando fascista cuando mi abuelo murió en la cárcel por defender la república?» (ataque personal, defensa circunstancial).

Otras falacias pueden también contener la ponzoña de una ofensa o insulto. Mencionemos aquí las generalizaciones apresuradas o los argumentos *ad populum*:

- «Todos sabemos que el pueblo gitano se caracteriza por ser ladrones y tramposos».
- «El mejor indio es el indio muerto» (atribuido al general P. Sheridan, 1831-1888).

- «La mujer honrada en casa y la pata quebrada» (refrán popular).
- «Los aficionados al fútbol son, por definición, violentos».
- «¡Mujer tenía que ser!» (conductor al volante).

Si somos objeto de una presunta ofensa, deberíamos estar preparados para reaccionar con rapidez y determinación. En cualquier momento del debate puede surgir el conflicto. Tal vez alguien del público hace una pregunta o un comentario fuera de tono. Tal vez nuestro contrincante dialéctico está usando una estrategia premeditada para hacernos perder la compostura. El debate ha llegado a un punto crítico o de inflexión y en nuestras manos está marcar su rumbo. Deberíamos actuar con firmeza y determinación, pero siempre con cautela. Nunca improvisemos. La tendencia normal suele ser elevar nuestro volumen de voz y mostrar nuestro enfado. Mucho cuidado, tal vez el contrincante se mueve mejor en un debate bronco y con insultos. Seamos cautos para no caer en su trampa. Tal vez ha escogido un registro a todas luces reprobable en lo que se refiere a la forma o al tono de sus argumentos, pero recordemos: eso tampoco prejuzga su verdad o falsedad. Dicho con otras palabras, mi oponente puede ser descortés o simplemente un verdadero bruto (ejemplo de insulto, por no utilizar otro epíteto más malsonante), pero ello no necesariamente afecta a la verdad de sus conclusiones. Analicemos el fondo lógico de los argumentos, no seamos tan ingenuos de quedarnos en la superficie. Como norma general huyamos de esas situaciones, pero estemos preparados para afrontarlas.

Un consejo: miremos a la persona a los ojos y sonriamos. Tengamos cuidado, si nuestro interlocutor es asiático, mirar a los ojos puede considerarse altamente inapropiado. Lo mismo puede decirse de sonreír mostrando los dientes.

Si alguien del público ha hecho un comentario impertinente, pidamos que se identifique; muchos insultos se amparan en el anonimato.

Si el insulto es personal y directo preparemos alguna contestación (con cierto tono irónico) para zanjar esa vía de debate. A modo de ejemplo: «Tomo nota de su opinión acerca de mi persona, pero aquí estamos debatiendo sobre ideas y conceptos no sobre este humilde orador» o «pues mire usted, mi pareja [o mis hijos, o mis amigos, o mi banquero] también opinan lo mismo de mí cada 29 de febrero, pero eso no es el tema que nos ocupa». A continuación, busquemos nuevas líneas argumentativas.

En el próximo capítulo hablaremos del filósofo Schopenhauer. Cuentan de él que en una conferencia un alumno le inquirió en un tono desafiante a lo que el filósofo le pidió que se acercara al estrado para darle la contestación en persona. El estudiante así lo hizo y la conferencia transcurrió sin mayores incidentes. Al terminar, los compañeros se interesaron por la respuesta que le había dicho al oído. «Me ha dicho que debería estudiar más ya que la respuesta a mi pregunta está perfectamente contrastada en la página 243 de su libro». Seamos ingeniosos para salir de situaciones difíciles y por supuesto evitemos las contestaciones del tipo: «¿Me está usted llamando…?» Cuentan que Barack Obama durante una campaña fue abucheado por un asistente que le gritó e insultó a lo que él respondió con calma: «Todos hemos escuchado sus gritos, ahora déjeme responderle con palabras». Parece ser que el apodo de Dama de Hierro que se usó como símbolo de la determinación y fortaleza de Margaret Thatcher surge como un insulto a su persona por parte de sus opositores parlamentarios.

Tampoco usemos la amenaza de acudir a los tribunales, por muy significativa que haya sido la ofensa, si no tenemos intención real de hacerlo.

Las ofensas o menosprecios a colectivos en función de:

— raza: «En todas las películas americanas ahora aparecen negros como grandes ejecutivos, magistrados o científicos y nos hacen creer que están preparados para ello, pero todos sabemos que salvo jugar al baloncesto no sirven para otra cosa»;

- sexo: «Este trabajo no está pensado para mujeres, ¡así nos va!, por culpa de estas nuevas costumbres está bajando la tasa de natalidad»;
- orientación sexual: «Cada cual que haga lo que guste, pero te prohíbo que te juntes con ese niño: sospecho que es de la acera de enfrente»;
- origen: «Los subsaharianos solo vienen a España a robar y violar»;
- edad: «Los jóvenes de hoy en día solo piensan en pasárselo bien y no tienen ningún respeto por la autoridad», «ese qué sabrá del mundo real si es un vejestorio de más de ochenta años»;
- discapacidad: «¿Qué habrá visto esa chica tan guapa en ese tío en silla de ruedas»;

son relativamente fáciles de identificar en la mayoría de los casos. Afortunadamente la sociedad actual, merced a las redes sociales y los medios de comunicación, suele hacerse eco y denunciar tales comportamientos.

Sin embargo, no nos llevemos a engaño: en esas mismas redes podemos observar, leyendo los comentarios de los usuarios, que existen posturas altamente polarizadas que defienden tales faltas de respeto. En ocasiones, la tan manida apelación al principio de libertad de opinión no siempre se emplea de forma recíproca y ecuánime.

También debemos tomar buena nota: aunque no estén de moda y no aparezcan habitualmente en las noticias, todos los colectivos deben ser respetados en sus creencias, características u opiniones. ¿Todos?, ¿no hay líneas rojas?, ¿no hay cordones sanitarios? (expresión de moda entre los políticos españoles de hace unos pocos años). Volveremos sobre esta cuestión en un instante.

Pongámonos en guardia si nuestro interlocutor empieza una frase con algo similar a: «Yo no me considero en absoluto misógino [racista, xenófobo, etc.], pero considero que...» Lo que viene tras el término: «pero...» es la clave en toda frase adversativa. Estamos posiblemente a punto de escuchar una afirmación altamente misógina, racista o xenófoba. En un comentario en Facebook de una agencia de idiomas que mandaba estudiantes a familias inglesas para el aprendizaje de la lengua aparece la siguiente perla de un padre: «Yo no me considero en absoluto racista, pero para mi sorpresa cuando mi hijo se encontró con la familia anfitriona en Londres resultó que eran negros. Por supuesto yo no tengo nada en contra de ellos, pero cuando la agencia me aseguró que mi hijo conviviría con una familia "nativa" esperaba otra cosa. Exijo que me devuelvan el dinero ya que esta empresa utiliza claramente familias *low cost*». Dejo al lector que juzgue la contestación que la empresa debería haber dado a tal individuo.

Hemos hablado de ofensas e insultos: por supuesto, en un debate escolar, académico o concurso de oratoria están altamente penalizadas por el moderador o por el propio foro de la discusión. Sin embargo, ya no nos causa extrañeza ser espectadores de agrias descalificaciones, significativamente, entre tertulianos, políticos o concursos y programas de telerrealidad. No conozco los hilos que mueven tales actitudes, pero no tengo tan claro si son tan genuinos como aparecen de cara al público o son fruto de unos guiones o roles asumidos por todas las partes.

El insulto vende titulares, gana cuotas de audiencia. Como suele decirse: «Lo importante es que hablen de ti, aunque sea mal». El que insulta y el insultado (sobre todo si son famosos) aparecen en la cabecera de las noticias. Cuanto más grave sea el insulto más fácil es que se haga viral y alcance la deseada categoría de *trending topic*. No nos dejemos engañar como espectadores: la razón de no erradicar estos comportamientos reside en que alguien se ve favorecido.

Por otra parte, cada vez más, las broncas forman parte del guion y del circo mediático. Es habitual que entre bambalinas el ofendido y el ofensor celebren entre risas sus insultos y comentarios que tuvieron lugar ante las cámaras. Podemos pensar que esos comportamientos son de elogiar ya que lo que se hace en el campo de juego, queda en el campo de juego, pero también podemos sospechar que todo fue un montaje pactado. No nos dejemos engañar.

¿Podemos traspasar líneas rojas?, ¿todos los debates, públicos o privados pueden ser objeto de discusión? Esta pregunta podría ser (debería ser) la primera cuestión en cualquier curso, taller o libro de oratoria. Damos por supuesto que nuestra máxima es el respeto al que no piensa como nosotros, pudiendo defender nuestro argumento con vehemencia y atacar las ideas del oponente, pero nunca ofender al adversario... Pero ¿y si la cuestión del debate en sí mismo hiere la sensibilidad del interlocutor o de un colectivo? ¿Tienen derecho los padres al uso del PIN parental? ¿Estamos como individuos o como sociedad dispuestos a debatir sobre cualquier tema? ¿Hay que reeditar a Mark Twain o cambiar el título de las novelas de Agatha Christie porque usan el término negro o negrito? ¿Debe prohibirse *Lo que el viento se llevó* porque supone una incitación al odio o al racismo? ¿Libertad de expresión frente a defensa de colectivos? ¿Cancelación de un espectáculo o exposición porque pueden herir sensibilidades? Históricamente en España todo el mundo reconoce la existencia de la censura franquista y nadie duda de la existencia de la lista de los libros prohibidos de la Inquisición. Parecen sacados de tiempos pasados y de sociedades paternalistas empeñadas en salvarnos de los peligros de la carne, del mundo y del fuego eterno. La palabra «censura» habitualmente la asociamos a regímenes dictatoriales (tanto de derechas como de izquierdas) y tanto si somos de una tendencia como de otra la usamos casi siempre en un sentido negativo. Si soy de derechas, denuncio sin paliativos la censura existente en las dictaduras de izquierdas (y obvio la de la ultraderecha). Si soy de izquierdas, aborrezco la falta de libertad de expresión asociada a la derecha, pero quizá no soy consciente: al apelar al principio de defensa de colectivos minoritarios o prohibiendo todo lo que a mi entender incita al odio corro el riesgo de usar la censura de forma indiscriminada. ¿Puedo salirme de lo políticamente correcto?

¿Mi opinión? Deberíamos poder debatir con libertad y sin cortapisas sobre todo los temas. Es nuestra obligación tener un espíritu crítico en todos los sentidos. Tampoco creo que las críticas deban ser por obligación «constructivas»; en ocasiones puede ser más positivo demoler para empezar de cero, pero siempre desde el respeto y empatía.

No todos los temas son adecuados para todos los ámbitos, personas y momentos. La elección de un tema de discusión debe estar en cierto modo consensuada por las partes y nadie debería sentirse incómodo al hablar sobre ese tema. Apliquemos el sentido común:

- En un debate escolar debe primar la madurez de los alumnos y la adecuación del tema a su edad, pero no es pertinente ser sobreprotector. Tendemos a obviar ciertos temas por miedo a exponer a nuestros hijos a contenidos que consideramos inapropiados para su edad, pero no nos engañemos; casi seguro ellos ya están al cabo de la calle en esos temas. Hay una altísima probabilidad de llegar tarde por exceso de prudencia.

- En un debate entre amigos y conocidos intentemos no sacar temas que sabemos afectan de forma especial a alguien en concreto por sus circunstancias o situación actual. Un hijo de unos amigos se ha suicidado recientemente. Igual no es buen momento para sacar como tema de debate con ellos algo así como: «El suicidio representa la máxima capacidad de expresión del libre albedrío del ser humano»... o tal vez sí, quizás esos padres necesitan hablar del tema y desahogarse. Lo dicho anteriormente, sentido común y empatía.

- En debates públicos debería primar el objetivo de confrontar ideas para buscar soluciones a problemas de temas de actualidad. No discutamos sobre el sexo de los ángeles, pero tampoco señalemos con el dedo a ningún colectivo especialmente sensible.

A modo de conclusión

Salvo que todo sea una pose, una farsa o una estrategia mediática para llamar la atención, un insulto o una falta de respeto siempre será un insulto o una falta de respeto (permitidme el uso de esta tautología intencionada para reforzar mi mensaje; en el capítulo 8, os recomiendo no abusar de este recurso en un debate, pero, de momento, dejémoslo así).

Recordemos también: una crítica, si se expresa con educación y respeto, no es motivo de ofensa.

La confrontación basada en la persuasión, el diálogo constructivo y el respeto mutuo es mucho más valiosa que la victoria mediante el ataque o la descalificación. Podemos, debemos discrepar en ideas, pero sin llegar al insulto personal, pues esto solo degrada la calidad del intercambio.

3. Demagogias y otras falacias informales

En el capítulo anterior ya hemos mencionado algunas formas de falacias. En los siguientes, iremos introduciendo otras formas de argumentación ilícitas desde el punto de vista formal e informal. No pretendo ser exhaustivo al dar una lista de las posibilidades del ser humano de engañar o tratar de engañar, persuadir con mentiras o con falsos argumentos. Muchos autores seleccionan y categorizan las que en su opinión son las más habituales. Seguramente la lista sería infinita porque infinita puede ser la maldad humana. También la bondad, vale, sí, también la bondad. Pero no hablamos de eso en este capítulo.

La habilidad de detectar falacias, evitarlas o usarlas con sutileza, se consigue con práctica (aunque parece que algunos han nacido con una especial habilidad para el engaño). Presentemos algunas sin orden especial, aquí van algunas con sus ejemplos. Muchas son clásicas, pero no os pongo su nombre en latín para que no caigáis en la tentación de contrarrestar a un oponente con las frase: «Eso que dices es un *argumentum ad verecundiam*; a mí no me intentes confundir con un *plurium interrogationum*». Igual os tachan de cierta pedantería o de estar lanzando do conjuros: solo os falta la varita de Harry Potter.

Ya vimos en el capítulo anterior la falacia de desviar el motivo del debate a la persona, bien por sus antecedentes, su prestigio o falta de ello, en vez de centrarnos en los argumentos. También podemos caer en ella por aspectos positivos de la persona, la admiración hacia ella, su simpatía o apariencia externa. Podríamos llamar esta falacia la del encantador de serpientes: «Me atendió un sumiller muy atento y me convenció para probar el vino más caro de la carta. Temo que me equivoqué: la calidad/precio no lo merecía en absoluto».

En esta misma categoría, pero con connotaciones negativas son las del tipo asociación culpable o presunta culpabilidad:

«Me encantaba la música de Víctor Manuel y Ana Belén, pero descubrí eran miembros del Partido Comunista; me deshice de todos sus discos ese mismo día»; «las películas de Polansky deberían estar prohibidas: está probado, se acostó con una menor»; «¡vaya, ahora argumentas con refranes!, ¿no sabes que Hitler también lo hacía?».

A veces nos encontramos con otras técnicas de desviación. De forma más o menos sutil (o descarada) cambiamos el tema objeto de discusión a otro de nuestro mejor dominio, nos hace estar en nuestra zona de confort o conduce a situaciones triviales: «Lo importante no es analizar si hacen falta más médicos en España, lo importante es concienciar a la población de no acudir a urgencias salvo en situaciones de verdadera emergencia».

La ambigüedad en los términos puede ser una forma elaborada de dar un giro al debate o de llevarnos a una tautología (véase el capítulo 6: todas las combinaciones posibles de las premisas nos llevan a la conclusión cierta). Los oráculos, videntes, profetas, pitonisas y pitonisos suelen emplear esta técnica.

— Estoy dudando en aceptar una nueva oferta de trabajo ¿Qué dicen los astros? ¿Es ahora un buen momento en mi vida para cambiar de actividad?
— El lunes es el mejor día para hacerlo debido a la confluencia de Venus con la Luna.

Un mes después:

— Seguí tus consejos y firmé el contrato el lunes, pero estoy arrepentido. No encajo en ese trabajo. Me engañaste: ya me estás devolviendo el dinero.
— Los astros decían: el lunes era el mejor día para que cambiaras de trabajo; no que fuera bueno lo hicieras. Tú decidiste libremente. Los astros no engañan.

Hablando de falsos adivinos (también origen habitual de las supersticiones, falsas creencias e incluso origen de errores científicos), es común el uso de las falacias de tipo causal que se producen cuando concluimos erróneamente que algo es causa de otra. Identificar que algo es causa de un determinado efecto puede ser una tarea compleja que solo se resuelve por medio de cuidadosos experimentos y comprensión de los fenómenos involucrados. Una de las falacias más obvias en esta categoría, en la que jamás deberíamos incurrir, es la correlación temporal: el hecho de que el fenómeno B vaya inmediatamente precedido por el A no implica necesariamente que A sea la causa de B. Esto es especialmente importante tenerlo en cuenta cuando se trate de sucesos poco probables o sin explicación evidente. Es muy fácil argumentar del modo siguiente: «No puede ser casualidad que las únicas dos veces en mi vida que me ha tocado la lotería ha sido precisamente cuando he pisado una mierda de perro justo el día anterior». Pues sí, las casualidades existen: en todas las ciudades cientos, miles, millones de ciudadanos han pisado mierda de perro y no les ha tocado nunca la lotería.

Otra que seguro alguna vez habréis escuchado (especialmente si sois mujeres) y que no deja de ser una falacia de ambigüedad de la palabra «igual»:

- A pesar de los avances sociales alcanzados todavía las mujeres tenemos unos salarios inferiores a los hombres.
- Es absurdo pretender que las mujeres y los hombres sean iguales. Biológica y anatómicamente no lo sois.

La premisa inicial surge en una típica discusión de igualdad de género en término igualdad de derechos, libertades, oportunidades, etc., no estamos hablando de evidentes diferencias de sexo.

Estas falacias pueden adoptar distintas variaciones, pero en definitiva todas buscan la desviación del objeto del debate.

Cortina de humo. Interponemos argumentos para lanzar otra discusión que poco o nada tiene que ver con la original. Algo parecido a cuando los políticos responden saliéndose por la tangente:

- ¿Está en la agenda del Gobierno el aumentar la edad de jubilación hasta los 68 años?

- Como todos saben, lo importante es que nuestro partido siempre estará, como siempre ha estado, a favor de las clases más desfavorecidas.
- Perdone, esa no era la pregunta.
- Y por supuesto, luchará por erradicar la corrupción y defender la legalidad vigente, a diferencia del partido de la oposición. Si usted me disculpa, contestaré ahora a otras preguntas.

Encadenamientos lógicos irrelevantes. Pretendemos llegar a la conclusión a partir de cadenas de razonamientos aparentemente lógicos, pero que carecen de entidad. En ocasiones se combina con argumentos cada vez más negativos que conducen a una conclusión desproporcionada o catastrofista (falacia de la pendiente resbaladiza):

- Mamá, ¿puedo salir a jugar al fútbol con mis amigos?
- No, que va a llover.
- Si llueve, me pondré el chubasquero.
- Entonces sudarás y con la humedad seguro coges un resfriado.
- Si llueve mucho, nos refugiamos debajo de los árboles.
- Claro, para que os caiga un rayo que os fulmine instantáneamente. No vas a salir con tus amigos a jugar al fútbol.
- Si llueve iremos a jugar a los futbolines.
- No: allí hay muchos niños fumando.
- Yo no fumo.
- Pero respirarás el humo de los que fuman y eso te llevará a un cáncer de pulmón.
- Pero mamá...
- He dicho que no sales, porque lo digo yo y punto. Tú verás lo que haces. ¡Y como se te ocurra salir, despídete del móvil durante una semana!

La madre, en su última frase ha empleado otra falacia muy empleada por políticos, editoriales periodísticos, tertulianos...

profesores, conocida como afirmación gratuita (que lo diga yo está muy bien, puede ser cierto y cargado de razón, pero nunca puede esgrimirse como un argumento válido). También concluye con la falacia del bastón al emplear la amenaza del castigo, la fuerza o autoridad (... tú verás lo que haces). Si nos encontramos con ellas en un debate lo mejor que podemos hacer es dar la discusión por zanjada; al igual que ha hecho el niño del ejemplo, no tiene sentido discutir con quien no quiere usar argumentos o sus argumentos están basados en la amenaza.

La falacia de asumir la verdad por la apelación a la consecuencia o posibles consecuencias podría ser una generalización de la anterior. Por ejemplo: «Es imposible que Rusia emplee su arsenal nuclear ya que eso llevaría a la destrucción de la civilización tal cual la entendemos» puede ser una opinión, pero no es un argumento válido.

Falacia del historiador: cuando se tomaron decisiones en el pasado, ¿se tenía la información o conocimientos sabidos *a posteriori*? En ocasiones, difícil de identificar o rebatir para los no expertos en la materia o en esa época histórica: ¿se conocían los graves efectos de un tratamiento, de una técnica, de un invento en el momento de su descubrimiento o comercialización de una patente?, ¿se sospechaba de sus riesgos? El tema puede dar lugar a interesantes debates; por ello, permitidme que me extienda en un par de ejemplos basados en la protección radiológica frente a radiaciones ionizantes (área de mi especialidad).

Un poco de documentación contrastada para ponernos en contexto. Becquerel descubre la radiactividad en 1896, Röntgen los rayos X en 1895 y Pierre y Marie Curie descubren el radio en 1889. Si bien existen algunos indicios sobre sus riesgos, no es hasta 1928 cuando se crea el Comité Internacional de Protección contra los Rayos X y el Radio. De hecho, Marie Curie, considerada la madre de los grandes avances del uso de las radiaciones ionizantes en medicina, benefactora de cientos de miles de pacientes que deben su vida o la mejora de la calidad de vida a sus investigaciones, fallece en 1934 a causa de una anemia aplásica con toda probabilidad provocada por la exposición a radiaciones durante su vida. Hoy incluso sospechamos, gracias al conocimiento de los efectos de la radiación ionizante, que su ceguera parcial por cataratas también pudo ser provocada por la falta de seguridad en la manipulación de los isótopos radiactivos o rayos X (esto último, durante su época en los hospitales de campaña en la I Guerra Mundial). Ella almacenaba isótopos radiactivos en los cajones de su escritorio y los transportaba en sus bolsillos. Estos son datos históricos. He de mencionar que un profesor que me impartió clases magistrales de Física Atómica en la década de los 80, sufría de una grave lesión en su brazo por el mismo motivo (información que circulaba entre los alumnos de clase; no tengo constatación fehaciente de la causa, sí de la parálisis de su brazo).

Identificado el marco histórico de la protección radiológica analicemos dos posibles falacias del historiador en ese campo.

El «blanqueo» de personas de color mediante radiación ionizante es un aspecto oscuro y poco conocido del uso temprano de agentes físicos en medicina a principios del siglo XX. Se refiere a intentos de aclarar la piel de personas de color mediante tratamientos con radiación, basados en la falsa creencia de que los rayos X u otras formas de radiación podían modificar el tono de la piel de forma deseada.

En las primeras décadas del siglo XX, la segregación racial y los prejuicios raciales eran comunes, particularmente en los Estados Unidos y Europa. En ese contexto, el tono de piel más claro se consideraba «deseable» según las normas sociales racistas y las personas de color sufrían (sufren) una presión constante por adaptarse a esos estándares. Esta presión, junto con el creciente uso de radiación ionizante en tratamientos médicos, dio lugar a experimentos e intentos de usar la radiación para aclarar la piel.

Los tratamientos con radiación se utilizaban en dermatología para tratar afecciones como el acné o problemas de pigmentación. Algunas clínicas, probablemente movidas por una combinación de racismo y pseudociencias, intentaron aplicar rayos X para aclarar la piel oscura. La idea errónea era que la radiación podría decolorar la piel de las personas de color de manera «controlada», ignorando los peligros inherentes a esta tecnología.

Los intentos de blanqueamiento con radiación ionizante no fueron solo ineficaces, también extremadamente peligrosos. La radiación ionizante puede dañar gravemente la piel y los tejidos subyacentes, provocando quemaduras, úlceras; eventualmente, cáncer de piel. En lugar de lograr el efecto deseado de aclarar la piel, las personas sometidas a estos tratamientos a menudo sufrían desfiguración severa, enrojecimiento, cicatrices y, en algunos casos, desarrollaban tumores malignos.

Si bien este fenómeno puede ser interpretado como parte de una historia más amplia de abusos médicos cometidos en contra de poblaciones marginadas, donde la ciencia fue usada muchas veces con métodos experimentales o poco éticos. Hoy en día, condenar estas prácticas es inevitable desde un punto de vista ético y científico, pero es importante entender que el uso de radiación en esos contextos se basaba en ideas erróneas sobre la tecnología y sus riesgos.

Otro tema, mismo contexto y época: posible falacia del historiador, más conocido gracias a la película: *Las chicas del radio*.

Voy a copiar textualmente la información de Wikipedia (consulta realizada el 24 de octubre de 2024). Teniendo en cuenta los datos históricos referidos con anterioridad, juzgue el lector si existe o no falacia del historiador (recuerde las fechas de la muerte de Marie Curie y de la primera reunión sobre protección radiológica):

> Las chicas del radio (en inglés: *Radium Girls*) fue el nombre otorgado a un grupo de trabajadoras que sufrieron envenenamiento por radiación al recubrir las esferas de los relojes que fabricaban con una pintura basada en el radio

utilizada en la fábrica United States Radium Corporation en Orange, Nueva Jersey, en el año 1917.

Miles de empleadas pasaron por las dependencias de la fábrica durante la Primera Guerra Mundial, ya que los relojes luminiscentes eran de gran utilidad porque los soldados podían consultar la hora también por la noche. Más tarde, se hicieron muy populares entre la población civil, teniendo la empresa que contratar más personal y siendo así más la cantidad de personas afectadas por el envenenamiento.

Las jóvenes, a las que se les había dicho que la pintura era inofensiva, desconociendo del riesgo que corrían, tenían como costumbre chupar las cerdas de los pinceles que usaban para afinarlos y así pintar con mayor precisión, además aparte de esto también se solían pintar las uñas o los dientes a modo de pequeña broma para posteriormente apagar la luz y dejar sorprendida a la gente con la luminiscencia que emanaba de sus bocas.

Más tarde empezaron a llegar los problemas, una de las primeras en advertirlo fue Amelia Maggia cuando, años después de haber trabajado para esa empresa, se le empezaron a caer los dientes sin motivo aparente quejándose de terribles dolores también en su mandíbula. Varios médicos, tras analizarla, establecieron una clara relación entre sus síntomas y su anterior empleo, con lo cual intentó localizar a sus excompañeras para informarlas, pero no pudo encontrar más que a tres ya que la mayoría se encontraban en la última fase de la enfermedad o ya fallecidas.

Cinco de las mujeres llevaron a juicio a su jefe, lo que no les resultó nada fácil ya que la empresa tenía muchos contactos con poder en la judicatura y estos se afanaron en retrasar todo lo posible el asunto, pero al final llegaron a un acuerdo por una indemnización justa para sus dolencias.

Como podéis observar, la falacia del historiador no es fácil de detectar; nos puede llevar a interesantes debates. También hablaremos en el capítulo 5 sobre la necesidad de contrastar los datos acudiendo a fuentes fiables. ¿Lo es Wikipedia?

Continuemos con otras falacias, algo más evidentes.

Falacia del psicólogo: supone asumir la verdad a partir de mi propia experiencia subjetiva o a partir de mi punto de vista. No deja de ser un ejemplo de generalización apresurada:

- A pesar de los avances sociales alcanzados las mujeres aún tenemos unos salarios inferiores a los hombres.
- No comparto en absoluto esa afirmación. Mi esposa gana más que yo y puedo ponerte muchos otros ejemplos, véase los funcionarios del mismo cuerpo y categoría, tienen el mismo sueldo, independientemente de su sexo.

Falacia del muñeco de paja, cuando ridiculizamos al contrario exagerando y distorsionando sus argumentos:

- Es esencial aprobar leyes que garanticen la supervivencia de las abejas en nuestro ecosistema.
- El verdadero problema es que a los ecologistas como tú os preocupa más la muerte de una abeja que la muerte de un ser humano.

La falacia de la novedad se produce cuando ponderamos la innovación y superioridad de lo moderno frente a lo anterior: «Los médicos actuales son mucho mejores que los de la década pasada ya que tienen acceso a mejor formación y más moderna tecnología» o por contra también por la referencia a la antigüedad o tradición: «Si eso que dices fuera cierto a alguien se le habría ocurrido antes» o el tópico: «Cualquier tiempo pasado fue mejor» entrarían en esta categoría. Observad que en realidad todo se reduce a afirmar de dos enunciados A y B que uno es mejor/peor que el otro basándonos en el tiempo. Aunque la conclusión pudiera ser cierta, este modo de razonamiento no se sostiene desde un punto de vista lógico. El hecho de que A es más moderno/antiguo que B no nos autoriza a concluir que A es mejor/peor que B.

Falacia del silencio. Aunque lo diga el refrán: «El que calla otorga» y otras ideas preconcebidas: «No contestas; lo tomaré como un sí» o «si no lo explicas con detalle, entenderé que no tienes ni idea de lo que hablas» no son argumentos válidos para suponer que el interlocutor nos da la razón o es ignorante en el tema.

Otra falacia habitual similar a la anterior es dar como falso/cierto lo que no se conoce o no ha podido probarse, dicho de otra manera, la falta de pruebas no es una prueba. En la siguiente conversación ambos debatientes utilizan la falacia de la ignorancia:

- Nadie ha podido demostrar que Dios existe, por tanto, es una prueba irrefutable de que Dios no existe.
- Del mismo modo es evidente que nadie ha demostrado que Dios no existe, por tanto, eso es una prueba evidente de que Dios existe.

En próximos capítulos analizaremos algunos otros tipos de falacias, en particular, las de tipo formal, en las cuales se incumplen las leyes de la lógica proposicional.

A modo de conclusión

El manejo y la detección de falacias en el debate son fundamentales para garantizar una discusión racional y constructiva. Las falacias son errores en el razonamiento que, aunque a menudo sean persuasivos, desvían la conversación de la lógica sólida. Cuando no se identifican, pueden manipular la opinión pública, desvirtuar los hechos y llevar a conclusiones erróneas.

Dominar la identificación de falacias permite a los participantes en un debate desmontar argumentos engañosos y mantener la discusión centrada en la verdad y la coherencia lógica. Además, fomenta un discurso ético evitando el uso deliberado de tácticas retóricas deshonestas tales como apelar a las emociones o distorsionar los hechos históricos (falacia del historiador). Por lo tanto, entender, identificar las falacias no solo protege la integridad del debate, sino que también promueve el pensamiento crítico y la búsqueda genuina de soluciones o verdades, haciendo que el debate cumpla con su propósito de enriquecer la comprensión de los temas discutidos.

4. ¿Vencer, convencer, aprender, enseñar, manipular?

No concibo una sociedad en la que todas las personas estén siempre de acuerdo; no comparto la idea de una pareja de novios o un matrimonio de años sin que uno de los miembros no argumente sus ideas u opiniones frente al otro; no imagino a un niño sin la palabra «no» en sus labios; no entiendo la política sin confrontación ni los avances científicos o tecnológicos sin debate o errores previos. Una persona incapaz de discutir es un esclavo; una sociedad con un pensamiento monolítico está condenada a una muerte lenta. Por tanto, siendo congruente con esta idea, querido lector, te animo a que seas crítico, rebelde y *discutón* (por favor, académicos de la RAE, incluyan ese término en su diccionario) como paso previo a dominar el noble arte del debate, pero ¡ojo!, dentro de un orden y unas reglas. En el equilibrio estará el secreto. ¡Una cosa es ser *discutón* y otra muy distinta ser un *broncas* o un pendenciero integral!

Ya hemos hablado del respeto y de su ausencia. Ahora ha llegado el momento de analizar nuestras motivaciones. Y yo, ¿por qué discuto?, ¿cuál es mi objetivo final cuando me enfrento a un debate o expongo mis opiniones?

Según estudios recientes, de la Universidad Federal de Boston, avalado por el profesor Swank P. Lewis, el 73,7 % de los encuestados afirma que su objetivo es ganar y demostrar que se tiene razón, independientemente de que los argumentos o conclusiones sean verdaderas; un 10,9 % confiesa que discute para poner de manifiesto su superior intelecto y únicamente a un 4,2 % le motiva la búsqueda de la verdad. El resto no sabe, no contesta o simplemente lo hace por el placer de debatir.

En próximos capítulos analizaremos la fuerza y el posible mal uso de los datos estadísticos, pero empecemos por lo básico sobre los porcentajes con los que os he ilustrado (por otra parte, completamente inventados). ¿Os habéis molestado en buscar si existe la Universidad Federal de Boston y cuál es el currículo del prestigioso profesor Lewis? No, pues dedicad unos minutos a hacerlo.

¿Habéis notado también que el hecho de incluir un decimal en las cifras hace más verosímil mis infundados datos? Si esa pequeña manipulación te ha influido, es que confundes precisión con exactitud. Sirva el siguiente ejemplo para entender las diferencias: si te proporciono la distancia de Madrid a Barcelona en milímetros (muchas cifras decimales), estoy dando un dato con mucha precisión, pero puede ser que sea altamente inexacto; puedo haber dado el dato con decenas de kilómetros de error.

Dejando aparte mi falso argumento estadístico, coincido (a mi pesar) con otros autores: para la gran mayoría de la gente, la principal motivación de un debate es vencer, sentirse ganador o superior intelectualmente al oponente.

Convencer al adversario con nuestros argumentos es nuestro caldero al final del arco iris. Tarea difícil e improbable de lograr. En la mayoría de las ocasiones nos podemos dar por satisfechos con [pausa] vencer. En el mejor de los casos, sacar algún aprendizaje de ello.

En ausencia de motivaciones más altruistas, algo de competitividad tampoco es malo. Uno de mis hijos llegó a las semifinales en un campeonato del mundo júnior de esgrima. Tras la derrota, mi esposa quiso animarle con la máxima: «Hijo, lo importante es participar», a lo que él contestó: «Mamá, no entreno seis horas al día y me privo de otras cosas de mi vida, para participar. Lo que busco es ganar». Tampoco estaba exento de razón.

Ha llegado el momento de presentaros a algunos filósofos que han analizado en detalle los motivos por los cuales los seres humanos debatimos y cuál podría ser nuestro objetivo final.

Empecemos por Schopenhauer (1788-1860). Podemos afirmar sin miedo a equivocarnos que este filósofo alemán no tenía en alta estima los valores del ser humano. Dotado de un alto grado de pesimismo, algo de amargura, poca fe en Dios (era ateo confeso), defensor de la idea de la natural maldad del hombre (y supongo también de la mujer), amante de su perro al que sacaba a pasear por las calles de Frankfurt bajo un paraguas para protegerse de la lluvia o el sol y dotado de una especial antipatía hacia los gatos, escribió un interesante manuscrito (sin título y que nunca se llegó a publicar en vida del filósofo) sobre *El arte de tener razón*[2].

Su idea del concepto del debate queda perfectamente plasmada en las primeras frases del texto: «La dialéctica erística (que es sobre lo que versa el texto y sus posteriores estratagemas) es el arte de discutir, y de discutir de tal modo que uno siempre lleve razón, es decir justa o injustamente».

Más adelante, podemos leer: «Para plantear con limpieza la dialéctica es preciso considerarla únicamente como el arte de llevar razón (sin preocuparse por la verdad objetiva, que es asunto de la lógica), cosa que, sin duda, será tanto más fácil cuando se tenga razón en el asunto mismo».

En palabras llanas, Schopenhauer defiende y justifica la necesidad de cierto juego sucio (estratagemas) en aras de la victoria, siendo este el que debe ser nuestro objetivo final. Usando un símil futbolístico: un defensa puede ser sobrepasado por el balón (la lógica de los argumentos) o por el delantero (la persona que los plantea), pero nunca por ambos. Llegado el momento, el buen defensor, aun a riesgo de ser amonestado con tarjeta roja, impedirá por todos los medios el avance del contrario. «Hay que llevar a toda costa la razón, aunque no se tenga la razón». Menos mal que Schopenhauer al menos apostilla que tener la razón (tener el balón) facilita marcar un gol, «… ya que, si nos propusiéramos como finalidad la imposición de tesis falsas, tendríamos la simple sofística». Si mi único fin es golpear, sin ánimo o posibilidad de jugar la pelota, es agresión y tarjeta roja directa.

---

[2]   Arthur Schopenhauer. *El arte de tener razón. Expuesto en 38 estratagemas*. 12ª ed. Barcelona: Alianza Editorial, 2021.

¿Sabe, mi querido lector a quién se le atribuye la frase: «…cuando se inicia y desencadena una guerra, lo que importa no es tener la razón, sino conseguir la victoria»? No, no es de ningún filósofo griego, es de Adolf Hitler.

Estoy manipulando al lector simplificando al extremo la obra de Schopenhauer para justificar mis datos estadísticos (recuérdese que inventados), acudiendo a otra conocida falacia: apelar a una autoridad para dar por cierto los argumentos (*argumentum ad verecundiam*).

Dicho de otra manera: yo tampoco juego siempre limpio. Apelo a la crítica e inteligencia del lector para dudar siempre de mis afirmaciones: evidentemente libre de seguir o no mis consejos. Solo así podrás salir airoso de mis pequeñas trampas. En este caso, ¿cómo podrás estar seguro de que lo escrito es cierto o está sesgado? Pues, querido Watson, aplíquese el cuento y no deje que los demás le hagan todo el trabajo: léase con detalle el capítulo de búsqueda de fuentes fiables y empiece a practicar. Compre, pida prestado, vaya a una biblioteca, robe o piratee, o haga lo que le dé la gana (que no seré yo quien juzgue sus actos), pero léase de primera mano las estrategias de Schopenhauer. No se fíe simplemente de lo que yo le digo.

Mi suegra, que en paz descanse, tal vez sin saberlo, era una ferviente seguidora de la dialéctica erística, pues gustaba de iniciar sus discusiones o rebatir, en cuanto se veía acorralada, con la premisa: «Yo nunca miento y lo que sé lo sé de seguro». Obsérvese que la aceptación implícita de dicha sentencia (por respeto a la edad y para no crear un conflicto familiar nadie osaba refutar) lleva lógicamente a dar por válidos todos los argumentos que pudieran venir a continuación. En consecuencia, a menos que ella cometiera algún desliz desde el punto de vista de la lógica proposicional (ver capítulo más adelante), dichas premisas obligarían a aceptar necesariamente las conclusiones derivadas de las mismas. ¡Derrotado en la batalla antes de empezar!

El propio Schopenhauer ya nos previene: si entramos en un debate empleando como única arma la dialéctica, es decir las reglas formales de la lógica, obviando las estratagemas (podemos llamarles golpes bajos), tenemos todas las de perder ya que «... aunque los juicios falsos son frecuentes, los silogismos lógicos sumamente raros... El ser humano posee una lógica natural y nadie pensará o inferirá tan fácilmente en contra de las leyes lógicas». Desde luego, mi suegra era difícil de pillar en un error lógico, pero no comparto en absoluto la generalización que nos presenta Schopenhauer y que a él le lleva a explicarnos cómo golpear y defenderse bajando al barro de la dialéctica erística, menospreciando, en cierto modo, la pureza de la lógica.

En mi opinión, el lector, con un poco de práctica y entrenamiento, puede detectar la multitud de analfabetismos lógicos e inferencias erróneas que salpican nuestros medios de comunicación, debates, redes sociales y tertulias. Y mucho me temo que no siempre esos errores son deslices voluntariamente incluidos en la argumentación (para ver si cuela). Muchas veces son errores de bulto que harían levantarse de su tumba al mismísimo Aristóteles. Si tenemos la suerte o habilidad y el olfato para detectarlos en el desarrollo argumentativo de nuestro interlocutor tendremos la victoria a nuestro alcance. Es como si afirmamos que los alumnos raramente cometen errores al resolver una ecuación matemática ya que las reglas están claramente definidas. En el símil expuesto, Schopenhauer piensa que es sumamente raro que el alumno no sepa resolver una ecuación matemática; yo afirmo que no es tan raro: muchos suspenden por ello. Pero de eso hablaremos en otro capítulo.

Os recomiendo la película: *Una razón brillante* (título original: *Le brio*). En ella, se nos presenta a un profesor universitario de la vieja escuela, algo racista y engreído, que acepta ser el entrenador personal de una joven estudiante para presentarse a un concurso nacional de debate y oratoria. No desvelaré más de la trama y las motivaciones que mueven a los protagonistas a formar parte del concurso, pero merece la pena destacar que una de las técnicas elegida por los guionistas para convertir a la jo-

ven estudiante en una brillante oradora es seguir las estratagemas de Schopenhauer. Memorable y significativa es la puesta en
escena de la 38: «Cuando se advierte que el adversario es superior y que uno no conseguirá llevar razón, personalice, sea ofen-
sivo, grosero».

Ya que hablamos de cine y el poder de calentar los ánimos,
otra cinta recomendada sería *El discurso del Rey* (2010. Título
original: *The King's Speech*). En una escena de la película se
muestra una exitosa técnica atribuida a Demóstenes (considerado en la Antigüedad como un maestro de la oratoria, a pesar de
su tartamudez) que sirve para que el protagonista, el rey de In-
glaterra Jorge VI, supere su también disfemia al alzar la voz y
responder con violencia y enojo a las provocaciones de su entrenador.

Moraleja: a veces un buen golpe en la mesa puede llevarnos
a la victoria dialéctica, sin embargo, corremos el riesgo de despertar a la bestia que nuestro adversario lleva dentro o nosotros
mismos mostramos nuestros puntos vulnerables, poniéndonos
en evidencia al alzar la voz discutiendo a gritos. Sirva de aviso
el demoledor refrán castellano: «El hombre necio, habla recio,
para que todos sepan que es un necio». (En el siguiente capítulo
hablaremos también sobre la fuerza y buen o mal uso de los refranes y aforismos).

Volvamos a los datos de mi estadística inventada y mi afirmación de que únicamente a un 4,2 % le motiva la búsqueda de
la verdad y que solo a unos pocos les mueve el placer de la propia discusión. ¿No debería ser este el objetivo de todo buen debate? Yo opino que sí. Aristóteles, Platón, Hegel opinaban lo
mismo. Citemos ahora a Hegel (1770-1831). Filósofo alemán,
representante del idealismo filosófico, dicen de él que era muy
despistado (pasaba más tiempo en el mundo de las ideas que en
las situaciones mundanas) y dotado de un fino sentido del humor. Me cuenta mi ChatGPT (no lo he confirmado, pero supongo que la anécdota es cierta) que estando absorto en su mundo
filosófico dejó olvidado su paraguas sin saber dónde (eso tam-

bién me pasa frecuentemente a mí). Al no encontrarlo dejó una nota en la puerta de su casa que decía: «Hegel ha perdido su paraguas». Sorprendentemente el paraguas apareció, junto con otra nota: «El paraguas ha encontrado a Hegel».

Coincide en el tiempo y en el mismo lugar que Schopenhauer, pero con ideas diametralmente opuestas en relación con la dialéctica. Para él, la dialéctica marca el camino para analizar y descubrir la realidad misma. La confrontación de dos tesis permite alcanzar la verdad. Expliquemos brevemente los fundamentos de sus principios basados en la idea de la tríada: tesis, antítesis y síntesis (terminología, por cierto, en ocasiones erróneamente atribuida a Hegel). Intentemos de forma sencilla aplicarlo a lo que podría ser una motivación altruista de nuestros debates.

Hegel considera que la evolución del espíritu humano en búsqueda de la verdad (entendida como realidad absoluta) se basa en un proceso que se eleva en escalera partiendo de una premisa original afirmativa (tesis). La tesis se tiene por verdadera hasta que se enfrente a su negación (antítesis). La tesis surgirá del estado del conocimiento, de la conciencia o del razonamiento. Las negaciones de las tesis mantienen el motor del progreso. El proceso no acaba con la antítesis. La superación de la contradicción de la negación será la síntesis. Y no… Hegel no era comunista como he leído en algunas páginas web. Es cierto que sus ideas influyeron en autores posteriores asociados al comunismo, pero Hegel vivió a mediados del siglo XIX, y murió diecisiete años antes de la fundación del *Manifiesto del Partido Comunista* y treinta y cinco años antes de la publicación de la primera edición de *El Capital* de Carlos Marx. No deis por bueno todo lo que se dice en Internet.

La síntesis implica el acuerdo, la armonía del *yin* y del *yang* (en la filosofía taoísta), de los opuestos. En un proceso evolutivo, la síntesis se convertirá en una nueva tesis, a la espera de confrontarse con una nueva antítesis. Ello nos permite avanzar hacia el conocimiento de lo absoluto. Pongamos un ejemplo:

- Tesis: las mamografías permiten diagnosticar el cáncer de mama de forma precoz, por tanto, todas las mujeres deberían hacerse una mamografía con periodicidad anual.
- Antítesis: aun aceptando el poder diagnóstico de dicha técnica, en absoluto deberíamos de exponer a las mujeres a mamografías ya que la radiación ionizante empleada puede generar cáncer de mama.
- Síntesis: las mamografías solo se harán a las mujeres a partir de cierta edad y cumpliendo unos estrictos principios de optimización de la radiación empleada y justificando su práctica.

Ya habrá sospechado el lector que mi voto, como actitud vital para afrontar un debate, se lo doy a Hegel y no a Schopenhauer. Un orador plantea la tesis, el otro la antítesis. El resultado final no es de vencedores ni vencidos; la conclusión debería ser una síntesis, la armonización enriquecedora de ambas posiciones.

La dialéctica enfrenta a dos jugadores de ajedrez en una compleja partida en el que se pone en juego todo el conocimiento personal adquirido, las habilidades y experiencia práctica acumulada (KSC). A buen seguro lo que caracterizará a un gran maestro de ajedrez tras una partida será (independientemente de que el resultado final sea la victoria de las blancas, de las negras o el empate en tablas) un saludo al contrincante y un posterior análisis detallado de los movimientos suyos y del contrario que le llevaron a la victoria o a la derrota, para de este modo iniciar un proceso de mejora y aprendizaje.

Tras la culminación de nuestros debates se habrán puesto sobre la mesa múltiples argumentos, tesis y antítesis. Unos acertados, otros tal vez claramente falaces o erróneos. Hagamos siempre el esfuerzo final de armonizar (sintetizar) todo lo argumentado, con una actitud positiva de aprender.

Aprender debería ser nuestro objetivo. Aprender, siempre; enseñar, no lo tengo tan claro.

Odio los debates en los cuales uno de los interlocutores se empeña continuamente en dar lecciones y asumir o usurpar la función del maestro. Lo confieso: yo soy profesor y amo mi profesión; soy docente y continuamente imparto lecciones. ¿No debería ser esta mi motivación en un debate? A veces me pasa cayendo en la tentación, aunque intento evitarlo.

Cuando uno de los ponentes asume el papel de profesor, se corre el riesgo de atribuirse indebidamente un papel de superioridad intelectual, colocando automáticamente al oponente en el papel del alumno.

Por definición, un debate o confrontación dialéctica se debe establecer siempre en un plano de igualdad entre los contendientes. Si no respetamos esa máxima, mejor no discutir. Nuestro, ya conocido, viejo amigo Schopenhauer también nos advierte sobre ello: «No discutir con el primero que se presente, sino únicamente con aquellos que se conoce y de los que se sabe que tienen el suficiente entendimiento para no plantear algo demasiado absurdo... de esto se sigue que de entre cien apenas hay uno digno que se discuta con él» y añade en otro párrafo: «... ambos contendientes deben ser bastante similares en cuanto a erudición e inteligencia. Si uno carece de la primera, no lo entenderá todo, no estará al nivel. Si carece de la segunda, el encono que eso le causará le inducirá a la mala fe y a las añagazas o a la grosería». ¡Vamos, que no enfrentemos a un peso pluma con un peso pesado!

Puede que Schopenhauer apunte en la buena dirección. Uno de los personajes de Shakespeare afirma «... me ocupo en conversar con el que es cuerdo y habla poco...» Yo añado: un debate enriquecedor se establece entre dos personas defendiendo sus posturas en un plano de igualdad, sin caer en la soberbia de asumir el rol del enseñante; mucho menos adoptar una actitud paternalista.

En otro orden de cosas, tampoco nos dejemos engañar por la formación académica de los interlocutores, sus títulos y másteres, o por su ausencia. Unos se pasan la vida estudiando, pero otros han estudiado en la escuela de la vida. Y ambas cosas son igualmente válidas y pueden dar lugar a confrontaciones dialécticas y debates altamente enriquecedores.

Hablemos ahora del grave peligro de la manipulación como objetivo final del discurso o del debate. La manipulación se define como la técnica de convencer, persuadir o influir en nuestro interlocutor (o población) sin que el individuo o grupo sea consciente de ello usando para esto elementos ajenos a los propios argumentos. Nótese que ahora uso el término convencer, no el de vencer.

Como con el picante o la sal en las comidas, sigamos el consejo del nutricionista: no abusar. Todos aderezamos, consciente o inconscientemente, nuestros comportamientos diarios con técnicas de manipulación para intentar convencer a nuestra pareja, a nuestros hijos, a un cliente, a un consumidor, al entrevistador que nos cita para un puesto de trabajo. ¡Tire la primera piedra el que esté libre de pecado!

Se me ocurren infinitos ejemplos cotidianos de micro-manipulaciones más o menos subliminales. La omisión de un dato esencial, la apelación a los sentimientos, la forma de vestir para la ocasión, esas chocolatinas que me ofrecen en una tienda de lujo mientras espero a ser atendido (el chocolate libera endorfinas y nos produce una sensación de euforia), la música de fondo en un restaurante de lujo. Otros ejemplos incluso pueden estar cargados de un alto grado de altruismo: las charlas motivadoras, los libros de autoestima, el llamamiento a un logro superior, las palabras de ánimo del entrenador de fútbol en el descanso del partido en que el equipo va perdiendo por goleada, un abrazo a tiempo, dirigirte por su nombre a tu interlocutor o cogerle la mano, apretarle el brazo, el cuento infantil que leo por las noches a mis hijos.

¿Qué tienen en común estas estrategias? Algunos autores incluso las clasifican dentro de las falacias ya que centran todo el peso de la argumentación en la apelación a las emociones en lugar de las evidencias para llegar a la conclusión deseada. Su práctica es muy habitual en los anunciantes, en los mítines y debates entre políticos antes de las elecciones. Podemos apelar:

- al miedo: «Si votas a la derecha/izquierda ten por seguro que se perderán tus libertades y te subirán los impuestos», «si no crees en Dios irás al infierno»,
- a la culpa: «Niño, nunca se deja comida en el plato; no te das cuenta de que un tercio de la humanidad se muere de hambre»,
- a la compasión o a la pena: «Ayer recibí una carta de una niña con un cáncer terminal provocado por vivir cerca de una línea de alta tensión en la que me rogaba que cuando sea presidente termine de una vez por todas con la tiranía de las compañías eléctricas»,
- a la ira: «¿Cómo podemos permitir que los terroristas, cuyas manos están manchadas de sangre, salgan de la cárcel?»,
- a la identidad o pertenencia a un grupo: «Los obreros tenemos que estar unidos y sentirnos orgullosos de votar a un partido como el mío cuyo lema es la defensa del trabajador»,
- a la desesperación: «La única solución que cabe ante esta amenaza real es atacar primero con todo nuestro arsenal nuclear», «mi única salida es poner fin a mi vida»,
- a la fe: «Prometo que, si llego a presidente, acabaré con la corrupción en la política»,
- a un punto en común con la audiencia: «Yo también he sido niño como vosotros y por eso entiendo muy bien lo que necesita la infancia»,
- a la autoestima o ego del oyente: «Usted, que es una persona mucho más inteligente y bondadosa que yo, tiene que aceptar mi argumento por necesidad».

En cualquier taller práctico de oratoria deberían trabajarse todas esas técnicas para ayudar a vestir de gala nuestros argumentos y llenarlos de magia blanca o para ser conscientes cuando seamos objeto de manipulación.

También existe la magia negra: el lado oscuro. La manipulación puede adoptar formas extremadamente perversas de las cuales debemos estar prevenidos. No es lo mismo seducción que coacción. No es lo mismo recompensar que amenazar. No es lo mismo «convencer de» que «vencer a». No es lo mismo amar que acosar. No es lo mismo la broma que la burla. No es lo mismo la burla que la humillación.

Apelo a una autoridad en la materia que nos advierte sobre las técnicas de manipulación y en particular a la manipulación de las masas. En este caso (y pienso que debería ser de lectura obligatoria para todos los ciudadanos) os aconsejo repasar las diez estrategias de manipulación mediática descritas por el lingüista y filósofo Noam Chomsky (nacido en 1928). Os adelanto algunas de estas estrategias con mis propios comentarios, pero, como siempre, os animo a que busquéis las fuentes originales. Chomsky fue un activista convencido sobre la libertad académica, así que siguiendo sus consejos: tomaos la libertad de leer o de no en detalle sus enseñanzas.

- La estrategia de la distracción o cómo desviar la atención del público de los problemas más importantes alejando su interés de los problemas reales. Algo así como el pan y circo de la antigua Roma, pero sin repartir pan (al menos Julio César dicen que repartía trigo gratis a los ciudadanos romanos más pobres).
- Crear problemas y después ofrecer soluciones buscando la reacción en la población a favor de una medida que previamente se pretendía conseguir, por ejemplo, crear una crisis económica para favorecer recortes sociales. Quiero haceros ver que, retorciendo esta técnica de manipulación y llevando sus conclusiones al extremo, los negacionistas buscan explicaciones conspiranoicas a ciertos hechos; por ejemplo, que la COVID-19 fue un montaje de los gobernantes mundiales para aplicar una importante limitación de libertades ciudadanas.

- Estrategia de gradualidad, o cómo ir introduciendo una medida inaceptable o en contra de mis intereses, con cuentagotas, para que se digiera mejor: «La edad de jubilación se retrasa en cinco años, pero solo afectará este año a los nacidos antes de...»
- Estrategia de diferir. Te anuncio el palo que te voy a dar, pero te doy un margen de tiempo para que te vayas haciendo a la idea o alternativamente, posponer una decisión indefinidamente manteniendo tu miedo (o tu ilusión y esperanza): «Tu idea es excelente, pero tal vez ahora no se dan las condiciones adecuadas para ponerla en marcha. Lo discutiremos en una próxima reunión monográfica sobre ese tema». Reunión que evidentemente nunca llega a celebrarse.
- Dirigirse al público como criaturas de poca edad. Esa falsa simplicidad de los mensajes que lanzan algunos gobernantes para que nuestra reacción sea también lo más infantil posible. Permitidme una anécdota familiar: una niña de diez años no desea hacer la primera comunión. Su argumento: «En la catequesis nos hablan como si fuéramos niños de tres años». Aventuro que en su adolescencia y madurez la estrategia de manipulación n.º 5 de Chomsky tendrá poco éxito.

Más que lingüista me gustaría elevar a Chomsky (por extensión a todos mis lectores) a la categoría de filólogo, en la acepción original griega de la diosa Filología, amante del *logos*, es decir, de la palabra razonada y meditada, del discurso, de la argumentación; en otra acepción también, pensamiento, inteligencia. Para lo que nos ocupa, el objetivo final de este libro es mi esperanza de que todos vosotros os convirtáis en verdaderos filólogos.

A modo de conclusión

En un debate de oratoria, el verdadero éxito radica en la capacidad de convencer por medio de argumentos sólidos y respetuosos, no en derrotar a toda costa a nuestro oponente. Al final, el objetivo del debate no es imponer, sino enriquecer el pensamiento y fomentar el entendimiento mutuo.

5. Un minuto de pensar equivale a una hora de hablar

Argumentar con ideas claras y concisas es esencial para garantizar que el mensaje se entienda de manera eficaz y directa. En un debate, donde el tiempo es limitado y la atención del público es crucial, es fundamental responder rápidamente y sin florituras. Esto no solo facilita la comprensión, sino que también demuestra control del tema y capacidad para sintetizar la información relevante. Al evitar rodeos innecesarios, se fortalece la solidez del argumento y se evitan distracciones que podrían diluir el mensaje principal, aumentando la persuasión y el impacto en la audiencia.

En apoyo de estas ideas puedo acudir al sabio refranero español y abrumar con multitud de sentencias, refranes y decires: «Quien mucho habla, mucho yerra», «quien pregunta, no yerra, si la pregunta no es necia». Podemos apelar también al: «Habla poco, escucha más, y no errarás», otro: «Sabio es el que poco habla y mucho sabe», y otros muchos: «El corazón no habla, pero adivina», «siempre sale a hablar quien tiene porque callar», «lo bueno y breve dos veces bueno», «el cazador que habla demasiado, vuelve vacío a su casa», «en boca cerrada no entra mosca» o «por la boca muere el pez», añado: «El hombre sabio, incluso cuando hace silencio, dice más que el necio cuando habla», «el que habla siembra, el que escucha cosecha», «a buen entendedor, pocas palabras bastan». Terminemos con una frase del genial Groucho Marx: «Es mejor estar callado y parecer tonto que hablar y despejar las dudas definitivamente».

En un libro de autoayuda he leído que es bueno usar la ratio 2:1 para ser un buen conversador, es decir, dos frases de mi interlocutor por cada una propia. No sé si ese es exactamente el algoritmo para seguir, pero en la oratoria y aunque resulte contradictorio (como en otros campos de la vida) menos, es más.

Pregunta: ¿os han convencido mis argumentos sobre el valor de la escucha activa frente a la incontinencia *verborreica*? (término que creo he copiado de un personaje de una popular serie de televisión).

Observación: el propio enunciado está redactado de forma intencionadamente manipuladora. He contrapuesto escuchar frente a verborrea, sabiendo que escuchar es una cualidad del ser humano generalmente bien apreciada y valorada frente a un término, verborrea, definido como un síntoma de un posible trastorno neurológico o psiquiátrico presente en fases de procesos maníacos o en personalidades psicopáticas. Además, lo he adjetivado calificando al término incontinencia sinónimo de diarrea o falta de control, para aportar mayor negatividad a esta parte de la pregunta. Por el contrario, he empleado el adjetivo activo con una evidente carga positiva para dar más fuerza al término escuchar.

Segunda observación: a modo de paradoja. Si os ha convencido mi argumento de que lo mejor es lo breve y ser comedido en el lenguaje, pensad que lo he hecho empleando un evidente exceso de verborrea y profusión de citas y refranes. Meditad sobre ello y que cada cual saque sus propias conclusiones.

Otra pregunta al hilo de la forma de argumentar empleada: ¿es una buena técnica apelar a refranes o máximas para apoyar un argumento?, ¿es válido argumentar empleando paremias? La paremia engloba proverbios, refranes, decires, máximas, aforismos, adagios, etc. No es el momento de detallar sus peculiaridades, animo al lector a profundizar en sus definiciones ¿Votos a favor del uso de paremias? El que esté de acuerdo que levante la mano. ¿Votos en contra? ¿Abstenciones?

Antes de votar, aclaremos lo que estamos votando ya que hay diferencias entre los distintos tipos de paremias. Analicemos las más habituales.

Un refrán se define según el diccionario de María Moliner como: «Cualquiera sentencia popular repetida tradicionalmente de forma invariable, particularmente, las que son en verso o al menos con cierto ritmo, consonante o asonante, que las hace fáciles de retener y les da estabilidad de forma y de sentido figurado». Otra definición tomada de Wikipedia: «Frase de origen popular repetida tradicionalmente de forma invariable, en la cual se expresa un pensamiento moral, un consejo o una enseñanza; particularmente la que está estructurada en verso y rima en asonancia o consonancia».

Un aforismo o una máxima generalmente se proponen como regla en alguna ciencia o arte y si se trata de sentencias proferidas por algún personaje célebre son calificadas con el nombre de apotegmas.

Y, tú lector, ¿has levantado la mano? Yo también he votado a favor, como buen castellano que soy, que dicen que es costumbre muy nuestra, y siguiendo el consejo del sabio Don Quijote: «Paréceme, Sancho, que no hay refrán que no sea verdadero, porque todas son sentencias sacadas de la mesma experiencia, madre de las ciencias toda». ¡Ojo!, usa este recurso con prudencia y mesura ya que también hay argumentos de mucho peso en su contra. Sin ir más lejos recordemos que Hitler (un orador brillante capaz de enardecer y movilizar a las masas) usaba los refranes para justificar la necesidad del holocausto y alimentar el odio. Lo cual no es, por otra parte, nada de extrañar ya que muchos refranes solo pueden entenderse desde una perspectiva histórica. Durante nuestro Siglo de Oro de las letras se recuperan muchos refranes de la época de la reconquista y expulsión de los judíos de la península, que hoy en día serían claramente tachados con toda la razón de racistas y xenófobos: «No fíes de judío, ni de su hijo, ni de su vecino», «judíos y gitanos no son para trabajo», «en vino y en moro, no pongas tu tesoro» son claro ejemplo de ello.

También recuerda: por cada refrán a favor de una idea, a poco que uno indague, se puede encontrar el contrario: «Más vale a quien Dios ayuda que quien mucho madruga». Mi abuelo solía ejemplificar esta cuestión con la parábola de quien de madrugada encuentra un billetero lleno de dinero en la calle y todo ufano proclama: «¡Al que madruga Dios le ayuda!», a lo cual se puede responder con lógica aplastante: «Más madrugó el que lo perdió».

Por tanto, esta vez no voy a aventurar el resultado de la votación. Tengo la sensación de que las nuevas generaciones cada vez emplean menos el recurso del refrán, tachándolo de modo de hablar de abuelas y abuelos, pero no tengo datos y mi intuición estadística puede estar sesgada (de eso también trataremos en otro capítulo).

«Cuesta trabajo aceptar la pérdida de un instrumento tan valioso y eficaz...», afirma Lázaro Carreter[3], en relación con los refranes. Sin embargo, en las redes sociales circulan cientos de miles (o millones) de aforismos (estimo el número, en función de una experiencia muy limitada y personal). Algunos incluso erróneamente atribuidos o asignados a extraordinarios individuos de altísimo coeficiente intelectual (completamente inventados). A pesar de ello, se hacen virales: circulan y proliferan como mala hierba por las redes sociales.

Si metemos todo en el mismo saco: uso de refranes y empleo de aforismos y máximas en la comunicación por Internet, tal vez la tendencia sea claramente creciente. No tanto en lenguaje oral, pero sí en las redes sociales.

Los parlamentarios suelen ilustrar sus discursos con infinidad de datos históricos y frases célebres. Y no será la primera vez que se ponen en evidencia cuando se constata que su cita es claramente errónea (para gran regocijo de la oposición). Seamos por ello muy cautos cuando citemos un hecho o frase atribuida a un personaje. Asegurémonos, consultando las fuentes originales que tal hecho histórico o cita es tal cual.

No, no voy a aventurar el resultado de la votación. Y, por otra parte: ¿qué más da? Independientemente de lo que diga la mayoría

---

[3]   Se menciona esta frase en M. Cecilia Colombi, *Los refranes como actos de habla no directos*. Alicante: Biblioteca Virtual Miguel de Cervantes, 2016. http://www.cervantesvirtual.com/nd/ark:/59851/bmcjd6w0.

si a usted le gusta argumentar con refranes o sin ellos, con citas o sin ellas, no pretendo que cambie su estilo de retórica. Recuerde el lector, por otra parte, que el resultado de un plebiscito no determina la certeza del argumento. No se tiene más o menos razón por el mero hecho de tener la mayoría democrática (aunque nunca hay que despreciar, por supuesto, la opinión de la mayoría).

Hablemos, al hilo de lo anterior, sobre las votaciones democráticas. No olvidemos que la evidencia de los argumentos es lo que siempre debe primar independientemente de otros factores. Fijaos ahora en la dureza de las opiniones de Schopenhauer al respecto de las ideas aceptadas por consenso (ya hemos hablado de su obra anteriormente y de su poca fe en la bondad de la humanidad): «Ciertamente no hay una sola opinión, por absurda que sea, que los hombres no la hagan suya con facilidad tan pronto como se ha conseguido persuadirlos de que es generalmente aceptada [...] Son borregos que siguen al manso allí donde los lleve: les resulta más fácil morir que pensar [...] La universalidad de una opinión no es, hablando en serio, ninguna prueba, ni siquiera una razón para hacerla más verosímil».

A continuación, nos muestra, en su opinión, el proceso de creación de una idea comúnmente aceptada: «Lo que se llama opinión universal es, considerando claramente, la opinión de dos o tres personas: nos convenceríamos de ello si pudiéramos observar la formación de una de estas opiniones universalmente válidas. Veríamos entonces que son dos o tres personas las que al principio la adoptan o plantean y afirman [...] y, por su parte, a estos les creyeron muchos otros cuya indolencia les aconsejó mejor sin más que comprobar fatigosamente [...] De ahí en adelante, los pocos capaces de juzgar se ven obligados a callar y a quienes les está permitido hablar son aquellos que son totalmente incapaces de tener opiniones propias [...] Tanto como un dato histórico, por ejemplo, que se encuentra en cien historiadores pero que, como acaba demostrándose, todos han tomado unos de otros, por lo que, en último término, todo se reduce a la afirmación de un solo individuo».

En la búsqueda de datos fiables, que trataremos en otro capítulo, haremos bien en recordar esta idea.

En ese sentido, un refrán no deja de ser el resultado de una opinión con cierto carácter universal, aceptada y repetida por una sociedad.

Pero volvamos al título del capítulo: «Un minuto de pensar equivale a una hora de hablar». En los párrafos anteriores nos hemos centrado en la segunda parte del enunciado en la idea de que un refrán, una frase breve, tal vez un juego de palabras (¿un chiste oportuno?) puede ser más efectivo que un largo y tedioso discurso.

Analicemos ahora la idea de la rapidez del pensamiento. Un minuto de pensar…, ¿es eso mucho o poco tiempo para nuestro cerebro? Entre las cualidades positivas atribuidas a un orador brillante es que sea chisposo e ingenioso. También es fundamental ser rápido y perspicaz en detectar los fallos lógicos o falacias en el mensaje de nuestro interlocutor. Podemos estar tentados en afirmar que la rapidez en las respuestas es una gran cualidad de todo buen orador.

Un muy buen libro para entender los procesos del cerebro humano es *Pensar rápido, pensar despacio*[4] Daniel Kahneman (1934-2024), catedrático de psicología de la Universidad de Princeton y premio Nobel de Economía en 2002. No se asuste el lector ante las 666 páginas de la versión española; el libro no es de lectura diabólicamente compleja. Todo lo contrario, su lectura es amena y divulgativa, dirigida al gran público interesado en procesos cognitivos y de decisión. Muy recomendable.

En este capítulo y en sucesivos intentaré resumir algunas de sus ideas fundamentales.

Nuestro pensamiento se estructura en dos modos diferenciados de funcionamiento que Kahneman, siguiendo la terminología usada por otros autores, denominados Sistema 1 y Sistema 2.

---

[4] Daniel Kahneman. *Pensar rápido, pensar despacio.* Barcelona: Debolsillo, 2021.

Según sus propias palabras: «... el Sistema 1 opera de manera rápida y automática, con poco o ningún esfuerzo y sin sensación de control voluntario. El Sistema 2 centra su atención en las actividades mentales esforzadas que lo demandan, incluidos los cálculos complejos».

Nuestra mente estaría funcionando en modo Sistema 1 cuando respondemos de forma intuitiva a un estímulo o a una pregunta sencilla. Veamos algunos ejemplos de actuación de este sistema:

- automáticamente todos los conductores pisamos el freno si vemos un accidente en la carretera (aunque estemos en una autopista de doble sentido y el accidente de haya producido en el carril contrario);
- cuando contestamos sin pensar a la pregunta: ¿2 + 2 igual a...?
- cuando nuestra respuesta es 0,80 euros al conocido problema: me he gastado 3,80 euros en un desayuno consistente en café y bollo; el bollo cuesta 3 euros más que el precio del café, ¿cuál es el precio del café?

Encontrar a Wally en una de sus páginas, multiplicar 227 x 19 o responder correctamente: 0,40 euros al problema del café son típicos procesos mentales del Sistema 2.

El Sistema 2 requiere atención y esfuerzo y es un proceso racional y voluntario. Una de las grandes contribuciones del trabajo de Kahneman consiste en hacernos ver, a través de bien documentados experimentos psicológicos, que el Sistema 1, especialmente en problemas que implican una intuición estadística o lógica, es fácilmente manipulable y puede cometer errores importantes debido a nuestras propias convicciones, experiencias, sesgos, estados anímicos, ilusiones, etc. El error del precio del café es un ejemplo, pero podríamos exponer miles de ellos en diferentes categorías.

Nuestro juicio sobre el carácter o cualidades de una persona basado en la primera impresión está ejecutado por el Sistema 1.

Podemos dar mucha validez a nuestra percepción inicial, pero podría no pasar el filtro del tiempo y a la postre resultar completamente errónea. ¿Pudo ser un sesgo estadístico o un recuerdo personal por similitud?

Una vez conocí a una persona que hizo crujir los nudillos al poco de presentarse, lo cual me hizo fijarme en unas manos grandes y algo descuidadas. Automáticamente la etiqueté como una persona poco agradable y descortés. Si me hubieran preguntado en ese momento si esa persona podría ser violenta, habría contestado: probablemente. Años más tarde, al constatar que se trataba de un individuo lleno de bondad y educación, mi Sistema 2 se planteó analizar las razones de mi juicio prematuro. ¿Qué había sucedido? Explicación: el hecho de escuchar el crujido de los huesos siempre me ha resultado muy molesto y está asociado en mi mente al recuerdo de la infancia de un maestro que acostumbraba a hacer ese gesto a modo de calentamiento previo a propinar un doloroso capón a los alumnos cuando no respondían correctamente a sus preguntas.

Kahneman nos advierte acerca de los grandes engaños en los que podemos incurrir si dejamos actuar al Sistema 1 sin el control del Sistema 2. El Sistema 1 es un gran logro evolutivo que protege a los seres vivos de muchos peligros ya que responde de forma rápida y refleja a riesgos reales. Por eso podemos caer en la tentación de confiar en exceso en la rapidez de una respuesta y de la jugada maestra de nuestra perspicaz e infalible intuición. ¡Cuidado!, el Sistema 2 requiere esfuerzo y atención y es una ley física universal, de la cual nuestro cerebro no escapa: todos los sistemas tienden al mínimo consumo de energía. ¡Somos vagos por naturaleza!... y algunos además desordenados para dar fiel cumplimiento del 2º principio de la termodinámica.

Veamos el siguiente ejercicio mental:

Usted debe decidir dónde donar 100 € de la forma más efectiva posible:

A. En una medida preventiva frente a la violencia machista que representa, según datos recientes, la muerte de setenta mujeres asesinadas anualmente en España y que, por tanto, podía haber evitado, con mucha probabilidad, la muerte de María Pérez (tema en las portadas de los medios en los últimos meses).

B. En un medicamento para reducir en un 5 % la tasa de mortalidad de una enfermedad de la que no hemos oído hablar nunca y que afecta al 0,0056 % de la población mundial y que tiene una letalidad inferior al 3 %.

Para la mayoría, la respuesta intuitiva del Sistema 1 sería la A. Seguramente recordamos las noticias de los medios y visualizamos la imagen de María Pérez que ha estado durante meses en las portadas de prensa y televisión; probablemente no nos molestemos en hacer cálculos para ver las vidas ahorradas con nuestra posible aportación a la medida B. Quizás ni siquiera sepamos la diferencia entre letalidad y tasa de mortalidad. El consultar esa información y el hacer los cálculos es un tedioso problema reservado al Sistema 2 y por tanto nuestra tendencia natural será obviarlo.

¿Se sorprendería si ahora añado una pequeña información adicional y le comunico que María Pérez era también portadora de esa enfermedad y que la medida B además adicionalmente salva la vida de unas 700 personas (en los que se incluye un porcentaje importante de ancianos, mujeres, niños y recién nacidos), es decir, su donación salva diez veces más vidas que con la medida A?

Tal vez esta nueva información no le haya cambiado su decisión inicial (tampoco lo pretendo; la violencia machista es una lacra social y todo esfuerzo es poco), pero ahora ya tiene todos los datos necesarios para decantarse por una u otra opción de forma racional (Sistema 2).

¿Cómo deberíamos actuar por tanto en un debate? ¿Confiar en la rapidez intuitiva del Sistema 1 para responder a una pregunta o contrarrestar un argumento falaz o bien analizar despacio el argumento y meditar bien la respuesta antes de tomar la palabra, es decir usar el raciocinio del Sistema 2?

En mi opinión, con buena lógica, lo que nunca debemos hacer es pensar durante tanto tiempo la respuesta o nuestra brillante argumentación. Igual cuando lancemos la frase perfecta, la argumentación inteligente, la conversación ya transcurre por otros derroteros.

Esta situación es bastante habitual al conversar en un idioma distinto al nuestro, cuando no somos capaces de expresarnos con la fluidez deseada. Es habitual (los españoles somos muy dados a ello) sentirnos avergonzados al cometer errores gramaticales o de pronunciación. Nos aterra que se note demasiado nuestro acento nativo.

La fluidez en el habla sería equivalente a dejar actuar en todo momento al Sistema 1; pensar cada frase antes de hablar para no cometer errores de sintaxis o pronunciación supone dejar la conversación en manos del Sistema 2. Te garantizo: si optas por ello, hablarás con más propiedad (con toda seguridad aprobarás la asignatura de idioma extranjero), pero terminarás desconectado de la conversación, aburriendo a tu interlocutor o, tras unas cuantas horas de charla, acabarás con un fuerte dolor de cabeza. Recuerda: el Sistema 2 es lento y consume muchos recursos.

Podemos notar, siguiendo el ejemplo anterior, que la práctica hace al maestro y a medida que mejoramos nuestras habilidades de comprensión auditiva y fluidez en una lengua extranjera el Sistema 2 va dejando de operar y deja pasar al Sistema 1. Eso nos llena de satisfacción, tranquilidad y autoestima.

No nos dejemos engañar por falsos eslóganes, uno no se hace bilingüe de la noche a la mañana. Para la mayoría de los mortales, hacen falta muchas, muchas horas de estudio, sobre todo, muchas horas de práctica para ello.

La respuesta inmediata de un piloto de avión ante una emergencia, el corte preciso de un cirujano, el diagnóstico certero del médico de familia en un tiempo récord (debido a la alta presión asistencial), la jugada ganadora de un maestro de ajedrez, la parada-respuesta de un esgrimista en décimas de segundo puede que sean actuaciones del Sistema 1, pero para llegar a ello han sido necesario muchas horas previas de estudio, práctica y análisis del Sistema 2 para alcanzar dichas habilidades (a menos que uno sea un genio de altas capacidades en ese ámbito).

¿Cuál sería, por tanto, la forma más correcta de actuar al introducirnos en el arte del debate y la oratoria? Mi opinión es la del título del capítulo: «Un minuto de pensar...», es decir, acortemos en lo posible el tiempo de trabajo del Sistema 2, pero permanezcamos siempre bajo su supervisión y no caigamos en el error de confiar ciegamente en la intuición automática del Sistema 1, a menos que seamos unos consumados expertos. Aún entonces el Sistema 1 siempre nos puede jugar una mala pasada. Un minuto... contar hasta diez... respirar hondo... En definitiva, una pausa antes de tirarnos de cabeza a la piscina es lo más aconsejable.

En cualquier conversación deben respetarse los turnos de palabra y no interrumpir continuamente al que habla. No desaproveches esos tiempos muertos. Esos tiempos son oro para nuestra mente. El debate, la conversación, los intercambios de ideas, anécdotas u opiniones tienen sus ritmos propios, pausas y aceleraciones: momentos valle y momentos pico. Tiempos de posesión del balón, momentos de defensa y momentos de ataque. Sepamos manejar inteligentemente los silencios y las pausas: no precipitemos nuestras contestaciones, intervengamos solo cuando tengamos algo inteligente que aportar y estemos siempre bajo el control de la atenta supervisión del Sistema 2 (aunque ello ralentice, en cierto modo, nuestro pensamiento y sea, por añadidura, más agotador).

Al hilo de la cuestión. El alcohol y ciertas drogas nos alejan del Sistema 2 y dándonos la falsa creencia de activar de forma muy eficiente el Sistema 1. No caigamos en la tentación de pensar que podemos conseguir cierta ventaja tras un consumo moderado de alcohol al sentirnos más locuaces, chisposos o ingeniosos y que eso nos ayuda a vencer nuestra timidez o vergüenza. ¡En absoluto esto funciona así! No busquemos atajos con la falsa esperanza de que se refuerzan nuestras habilidades ya que lo único que consiguen es esconder nuestras limitaciones. Como nos avisan los mensajes de la Dirección General de Tráfico: el alcohol o los estimulantes pueden darnos una falsa sensación de seguridad provocando serios accidentes. La desconexión del Sistema 2 dando una libertad sin control al Sistema 1 nos lleva a errores de juicio, a grandes meteduras de pata.

También debemos ser conscientes de que el Sistema 1 es fácilmente manipulable por las emociones, por nuestros recuerdos a corto y largo plazo, por nuestra experiencia (generalmente basada en estadística de datos limitados). Por tanto, deberíamos filtrar y de algún modo desconfiar de todo aquello que se nos presenta apelando exclusivamente a nuestros sentimientos y emociones (recordad las estrategias de manipulación). Los anunciantes, los dirigentes políticos de todos los signos, los tertulianos, los medios de comunicación, los falsos gurús saben muy bien cómo dirigirse al Sistema 1 bombardeando continuamente nuestro yo emocional.

Hace un tiempo, en varias cadenas de televisión y en redes sociales se ha tratado el tema de la depresión y suicidio entre adolescentes. Han aparecido entrevistas con jóvenes que han conseguido salir del túnel, contando sus terribles experiencias; la cuestión ha sido objeto de debate en diferentes tertulias; se han publicado detalladas estadísticas de su incidencia. El tema me ha interesado como educador y ciertamente me ha concienciado sobre un problema social y real que desconocía. Mi Sistema 1 está actualmente muy receptivo y sensibilizado en relación con ese tema. A la semana de producirse la noticia, el presidente del Gobierno anunció que en los presupuestos del Estado (que no se sabe cuándo se firmarán) se dedicará una partida extra de 100 millones de euros para políticas de prevención del suicidio infantil y en adolescentes. Mi Sistema 1 aplaude la medida con gran satisfacción, pero mi Sistema 2, me alerta: ¿ha tenido tiempo el Gobierno de actuar con tan ejemplar prontitud ante el conocimiento de este terrible problema… o estoy siendo objeto de una sutil manipulación, siguiendo las estrategias descritas por

Chomsky, para ganar mi aplauso (y mi posterior intención de voto)? Han pasado unos cuantos años desde que oí esta noticia y desconozco si finalmente se concretó la medida presupuestaria, lo que sí soy consciente a partir de entonces es que la situación es muy preocupante.

A modo de conclusión

En resumen, es fundamental que concretes tus ideas de forma breve pero contundente. Evita extenderte en explicaciones innecesarias y enfócate en los puntos clave. Sé ágil en tus respuestas, pero no permitas que la rapidez te lleve a respuestas precipitadas. Reflexiona antes de hablar, asegurándote de que cada intervención sea clara y persuasiva.

6. A la búsqueda del santo grial: datos y fuentes fiables

Recuerdo que cuando era joven mi abuelo me retaba los 28 de diciembre (festividad en España de los Santos Inocentes) a que descubriera la típica inocentada en forma de noticia falsa que solía aparecer ese día en la prensa (escrita o en televisión). Podía ser un traspaso millonario de un futbolista al equipo rival, el aterrizaje de un ovni, el parto de una oveja azul o que los Rolling Stones iban a dar una gira de conciertos en Patalejos de Arriba a dos pesetas la entrada. En definitiva, se trataba de una noticia divertida, asombrosa y muy poco creíble. Al día siguiente, el medio que había difundido la falsa noticia la desmentía en un tono jocoso, por si acaso algún inocente había caído en la trampa.

Supongo que la costumbre continúa todos los 28 de diciembre, pero, por lo menos en lo que a mí concierne, el juego ya no me divierte tanto por la sencilla razón de que actualmente las noticias falsas se generan y difunden 365 días al año, 7 días a la semana y 24 horas al día, especialmente en las redes sociales y en la llamada prensa amarilla.

Desafortunadamente, en ocasiones, ciertos medios a los que se les presupone cierto rigor profesional o académico también se hacen eco o ayudan a difundir noticias o información poco contrastada.

Obviamente, el fin último de lo que hoy entendemos por noticias falsas (se ha popularizado el término anglosajón, *fake news*) no es el de divertir. Tampoco el de argumentar o entretener usando la sátira, la ironía o el esperpento. El objetivo final de la noticia falsa es manipular y desinformar con fines económicos, propagandísticos, partidistas o de competencia desleal empresarial para crear un estado de opinión sesgado y altamente polarizado del lector/oyente. Incluso, en ocasiones, crear una auténtica posverdad.

La Comisión Europea ha definido *fake news* como: «Una información falsa, inexacta o engañosa presentada y promovida para causar daño público o con fines de lucro».

La Real Academia de la Lengua define la posverdad como: «La distorsión deliberada de una realidad que manipula creencias y emociones con el fin de influir en la opinión pública y en actitudes sociales».

El término acuñado puede ser moderno, pero el concepto no. Un clásico novelado de posverdad apocalíptica es *1984* de George Orwell. Tres continentes en continua guerra, pero con alianzas inestables de dos contra uno; nuestro antiguo aliado ahora es nuestro enemigo y viceversa. Toda la Historia y toda la información se reescribe para demostrar al pueblo que dicho continente siempre ha sido leal (o enemigo cruel y despiadado) desde el principio de los siglos. ¿Os suena?

Hablaremos de estos conceptos en este capítulo, pero no nos centraremos en exclusiva en las noticias falsas, pues existen otras formas de incorporar a nuestro conocimiento y acervo cultural datos o información errónea, aunque la fuente no haya buscado deliberadamente la manipulación o desinformación.

Mi padre decía que para estar bien informado siempre hay que comparar dos periódicos: uno conservador de derechas y otro progresista de izquierdas y hacer una aproximación a la media. El problema con las nuevas tecnologías de la información es que ya no compramos de forma voluntaria, sino que consumimos información de forma compulsiva y muchas veces inconsciente.

Noticias falsas. Cada vez son más abundantes; algunas muy obvias; aun así, triunfan y se hacen virales de forma asombrosa. En algunos estudios se cita que estas noticias circulan hasta seis veces más deprisa y que reciben un 70 % más de interacciones en las redes sociales.

En una visita turística a un bazar en Turquía pude observar un reclamo publicitario que decía: aquí se venden los «auténticos» *fake* Rolex. En las redes sucede lo mismo. El éxito de la noticia falsa reside en que sea auténtica y genuinamente falsa: «Una verdad sin interés puede ser eclipsada por una falsedad emocionante» (A. Huxley).

Una de las razones de la proliferación y éxito en las redes de las noticias falsas (además de que existen profesionales y estrategias interesadas para su distribución) es que generalmente este tipo de noticias se nos presentan previamente filtradas y dirigidas por los propios algoritmos de búsqueda en función de nuestros propios gustos, afinidades o búsquedas previas. Eso tiene el efecto perverso de asumirlas sin cuestionar y magnificar su importancia, ya que, por una parte, nos ratifican en nuestra propia opinión y, por otra, nos añade un plus de confianza en la fuente. En ocasiones el contacto que nos la ha hecho llegar suele estar entre nuestro propio círculo de conocidos o amigos y que habitualmente comparten nuestra propia ideología o inquietudes. A su vez, nosotros mismos tendemos a la propagación entre las personas que piensan como nosotros.

No hace falta poner muchos ejemplos. Si soy simpatizante del partido Defensores del Sol y alguien de mi confianza me pasa la información (comprobada o no) de que el presidente del partido Defensores de la Luna (contrario a mi ideología) ha dicho que va a promover que la noche tenga más horas que el día lo daré por cierto con toda probabilidad. También será motivo de satisfacción interna si leo que el presidente lunático ha metido la pata en una declaración o se ha visto envuelto en un escándalo. Probablemente lo marque con multitud de emojis de odio y rápidamente lo circule a mi entorno de amigos y conocidos. Al enviarlo a un conocido del que sé piensa como yo, mi objetivo es compartir mi indignación y reforzar mis propias creencias. Secretamente esperaré que mi pequeña aportación a la red se llene de *likes* y reenvíos para aumentar de este modo mi propia popularidad y número de seguidores. Si se lo reenvío a alguien afín al partido contrario espero su reacción incendiaria para demostrar a las claras que su postura o ideología está equivocada y que todo el mundo piensa lo contrario a sus creencias. Cuando, consciente o inconscientemente, busco esa notoriedad, lógicamente intentaré en la medida de lo posible que mi mensaje destaque sobre los más de 100.000 millones de mensajes diarios circulando por WhatsApp. Claramente eso solo se logra con mensajes altamente polarizados, incendiarios y auténticamente falsos.

Es bueno ser consciente de que incluso lo que veo con mis propios ojos en un vídeo o una imagen puede ser un montaje o una grabación fuera de fecha o contexto. ¡Cuidado!: si con la tecnología actual, cualquier alumno de secundaria o bachillerato con mínimos conocimientos de aplicaciones informáticas es capaz de manipular un audio, una imagen o un vídeo, ¿qué no podrán hacer los profesionales de la desinformación o la inteligencia artificial?

He mencionado varias veces el término inteligencia artificial a lo largo de este texto de forma anecdótica, sin dedicarle siquiera un párrafo a reflexionar sobre esta herramienta que cambiará (ya lo hace) nuestra forma de gestionar la información, acceder a datos, buscar correlaciones, dar consistencia a nuevas hipótesis y modificar nuestra forma de argumentar. ¿Estamos preparados para entender los vertiginosos avances que se están produciendo en este campo? ¿Somos conscientes de que nuestros hijos convivirán dentro de los próximos cinco o diez años con una revolución tecnológica que cambiará radicalmente los procesos de educación, metodología científica y toma de decisiones? La introducción de la IA en nuestra vida diaria debería reforzar, nunca relajar nuestro Sistema 2 de razonamiento crítico. Citemos un interesante artículo publicado en la prestigiosa revista *Nature* en relación con lo que piensan los científicos sobre los aspectos positivos y riesgos de la inteligencia artificial[5]. Más de mil seiscientos científicos contestaron a una encuesta de la revista. Entre los aspectos positivos se destacan:

---

[5]   Richard Van Noorden y Jeffrey M. Perkel. «AI and Science: what 1,600 researchers think». *Nature* 621 (2023): 672-675.

- proporciona formas más rápidas de procesar datos
- acelera los cálculos
- ahorra tiempo o dinero a los investigadores
- automatiza la adquisición de datos
- permite procesar nuevos tipos de datos
- proporciona formas más rápidas de escribir códigos
- responde preguntas que de otro modo serían muy difíciles de resolver
- optimiza las configuraciones experimentales para adquirir datos
- hace nuevos descubrimientos
- genera nuevas hipótesis de investigación.

También nos advierten sobre los riesgos:

- conduce a una mayor dependencia de los algoritmos de reconocimiento de formas sin control
- los resultados pueden entrañar un sesgo o discriminación en los datos
- facilita el fraude
- el uso imprudente conduce a investigaciones irreproducibles
- aumenta los desequilibrios de poder: solo los científicos de universidades o empresas con buenos recursos pueden estar a la vanguardia
- herramienta cara o que consume mucha energía.

Pero sigamos con los bulos o noticias falsas. Estas pueden tomar diferentes formas, por ejemplo: un titular llamativo que no se corresponde con el propio cuerpo de la noticia, una información fuera de contexto o no actualizada...

Consejo: si algo nos ha llamado la atención:

- habrá que leer hasta el final
- verificar si la fuente es inexistente o manipulada
- comprobar si se trata de un artículo de opinión o una información objetiva, publicidad encubierta o autoría no contrastada.

Damos por hecho que en todo debate cada individuo discute desde el punto de vista de sus creencias y su ideología lo que marca una estrategia de pensamiento y presenta argumentos coherentes con la idea que pretende defender. En el proceso del debate aparecerán argumentos lógicos y datos contrastados o de conocimiento universal, pero también información de terceros que hayamos leído en los medios o escuchado en las noticias. Aquí es donde debemos extremar la precaución tanto si somos nosotros los que presentamos el argumento o si somos los receptores. ¿Estamos seguros de la fiabilidad de dicha información?

El Parlamento Europeo señala: la incitación al odio, a la violencia o la guerra no pueden esconderse detrás de la libertad de expresión; es preciso diferenciar entre propaganda y crítica e insiste en la importancia de la concienciación, la educación y la alfabetización sobre los medios de comunicación. Existen multitud de recomendaciones y métodos para detectar noticias falsas y sitios web especializados, artículos, etc. Copio aquí algunas estrategias promovidas en el seno de la Unión Europea para contrarrestar la proliferación intencionada de las noticias falsas.

Transcribo aquí los contenidos de una nota publicada por el Parlamento Europeo[6].

Cómo detectar que una noticia es falsa:

1. Comprueba el contenido. ¿Son precisos los hechos y los datos? ¿El artículo es imparcial?
2. Comprueba el medio de comunicación. ¿Lo conoces? ¿Quién está detrás? ¿Quién lo financia? Comprueba minuciosamente lo que dicen otras fuentes (fidedignas).
3. Comprueba el autor. ¿Existe siquiera esa persona? Si el autor se ha inventado su nombre (o no lo menciona), es probable que todo lo demás también sea falso.

---

[6] Nara Bentzen. «Cómo detectar que una noticia es falsa». *De un vistazo, Servicio de Estudios del Parlamento Europeo*, febrero de 2019. https://www.europarl.europa.eu/RegData/etudes/ATAG/2017/599386/EPRS_ATA(2017)599386_ES.pdf.

4. Comprueba las fuentes. ¿Utiliza el autor fuentes fiables (por ejemplo, medios de comunicación arraigados y respetados)? ¿Los expertos que se citan son realmente especialistas? Si el artículo se basa en fuentes anónimas (o no menciona ninguna fuente), podría ser falso.

5. Comprueba las imágenes. Las imágenes son muy influyentes y es fácil manipularlas. Con una búsqueda por imágenes puedes descubrir si esa imagen ya se ha utilizado antes en un contexto diferente.

6. Piensa antes de compartir. La historia podría ser una distorsión de acontecimientos reales o antiguos o podría ser una sátira. El titular podría estar diseñado para generar fuertes emociones. Si se trata de un acontecimiento real, los medios de comunicación fiables lo cubrirán.

7. Cuestiona tus propias ideas preconcebidas. A veces, una historia es sencillamente demasiado buena o entretenida para ser cierta. Párate a pensar, compara con fuentes fiables y mantén la cabeza fría.

8. Únete a los cazadores de mitos. Mantente al tanto de los últimos trucos y engaños que se utilizan para difundir desinformación. Denuncia las noticias falsas. Cuéntaselo a tus amigos.

Un detalle en aras del rigor documental esencial para citar el párrafo anterior. Al consultar el original uno no puede obviar su nota a pie: «El presente documento se destina a los diputados y al personal del Parlamento Europeo para su utilización como material de referencia en el desempeño de su labor parlamentaria. El contenido de este documento es responsabilidad exclusiva de los autores, por lo que las opiniones expresadas en él no reflejan necesariamente la posición oficial del Parlamento».

En ocasiones, la fuente de la noticia falsa es fácilmente identificable. Existen agencias especializadas y mafias dedicadas a la ingeniería de dichas noticias, pero otras veces es imposible rastrear su origen. Quizá todo empezó por un rumor (no necesariamente malicioso), un bulo (intencionado o no) o un error de traducción o interpretación que acaba siendo difundido y asimilado por la población.

A mis alumnos de Medicina les ilustro con el siguiente ejemplo de error de traducción, no malintencionado, pero lo suficientemente grave para ser notable. En física de radiaciones existen dos magnitudes diferentes para calcular la permanencia de una muestra radiactiva, la vida media (en inglés, *mean life*) y el periodo de semidesintegración (en inglés, *half life*). En la versión inglesa de Wikipedia, podemos leer que uno de los isótopos más usados en medicina, el Iodo-131 se desintegra con una *half-life* de 8,02 días, mientras que la misma entrada, pero en su traducción española, se leía que el Iodo-131 se desintegra con una vida media (error de traducción, el término correcto sería el de periodo de semidesintegración) de 8,02 días. ¡La confusión en la traducción hace que el dato en la versión española tenga un error del 70 %! Lo peor es que esos datos erróneos se cortan y pegan en otras charlas y presentaciones. Otros autores o profesores vuelven a cortar y pegar. Nadie cuestiona la información. Se ha creado un falso conocimiento de forma no malintencionada. Copiamos de nuevo la frase de Schopenhauer citada en el capítulo anterior: «No hay una sola opinión, por absurda que sea, que los hombres no la hagan suya con facilidad tan pronto como se ha conseguido persuadirlos de que es generalmente aceptada».

Por supuesto, todo esto debe enseñarse en el aula para formar a las nuevas generaciones. La tarea no es sencilla. ¿Cómo discernir lo verdadero de lo falso?

Opino que todo puede resumirse en el mensaje del capítulo anterior: la mejor defensa es que nuestro cerebro tenga siempre activo el modo cortafuegos. Antes de asumir la información automática por el Sistema 1, pasemos los datos al Sistema 2 y dediquemos algo de tiempo a razonar y pensar.

Como buenos consejos podríamos aplicar el refranero: «*Excusatio non petita, accusatio manifesta*» e incluso el pensamiento de un premio Nobel de Física: «Es posible conocer la verdad por su belleza y simplicidad» (R. Feynman). Dicho de otra manera, la verdad no necesita generalmente de largas disertaciones, verborrea y complejas explicaciones.

Otro pequeño consejo: tengamos la costumbre de hacer siempre la siguiente pregunta: ¿alguien se beneficia directa o indirectamente del bulo? Busquemos el rastro del dinero en las noticias sospechosas.

Es bueno recordar: toda información tiene una intencionalidad (positiva o negativa). Una frase en el ámbito de la comunicación raramente es neutra. No solo transmite lo que expresa literalmente, también recoge la intencionalidad del emisor y el efecto que produce en el receptor. Ciertamente, la misma frase puede producir un efecto de adhesión o rechazo en función de nuestra afinidad con la fuente o el propio comentario. Ejemplo, si afirmo: a Mengano no lo verás consumiendo sustancias tóxicas en sus horas de trabajo, implícitamente puede ser que esté intentando influenciarte para que pienses que Mengano es un drogadicto que consigue ocultar su adicción en el trabajo. Por otra parte, también puede ser que esté señalando en otra dirección pretendiendo hacerte pensar: Mengano no es drogadicto, pero Zutano sí lo es.

Muchas noticias falsas se centran en el ámbito político (especialmente en época de campañas electorales): sospecho tienen mayor poder de captación y réplica en la población adulta que en los jóvenes. Sin embargo, tengamos muy en cuenta: nuestros hijos y alumnos son altamente sensibles a multitud de temas sociales, salud, sexualidad, imagen, consumo de ocio o búsqueda de su propio futuro profesional.

Con la salud no deberíamos jugar, sin embargo, es uno de los cotos de caza más apreciados por los cazadores de creyentes. Las terapias alternativas, las pseudociencias, las curas milagrosas, los crecepelos siempre han sido buen caldo de cultivo para charlatanes y aprovechados. No es de extrañar su proliferación con las nuevas tecnologías de la comunicación. Sigamos otro consejo de Feynman: «Hay que tener la mente abierta, pero no tanto como para que se te caiga el cerebro».

Los llamativos titulares del tipo: «Las diez claves del éxito para adelgazar, para estar en forma, para triunfar en los negocios de… [pon aquí el nombre de tu actor, actriz o deportista favorito]»; «descubre lo que las compañías farmacéuticas quieren silenciar» o «el descubridor/a de la cura del Alzheimer es un joven español perseguido por las farmacéuticas…» deberían activar siempre nuestro sistema de alarma.

He observado un mismo patrón en los anunciantes de remedios naturales para adelgazar, mejorar las relaciones sexuales, disminuir el tamaño de la próstata, aumentar las dimensiones del pene, curar la diabetes tipo 2, reducir la grasa corporal, bajar la hipertensión, el colesterol o curar el hígado graso… todo sin esfuerzo, sin cambiar los hábitos de vida, sin dieta o sin tediosos ejercicios físicos. Siempre empieza con una entrevista (quiero pensar que ficticia) a un famoso/a en la que nos muestra su desesperación o la de un familiar cercano por la enfermedad en cuestión, que casi le lleva al suicidio, a la ruptura matrimonial o a vivir una existencia miserable y sin esperanza. Por casualidad (por la recomendación de un cuñado o vecino) contacta con un prestigioso médico, que puede ser un becario o becaria joven de altas capacidades de nacionalidad española o una eminencia internacional (que, si buscamos su nombre en las bases de datos de publicaciones de alto índice de impacto, nunca consta) y que trabaja en una famosa universidad de nombre similar a las realmente existentes, pero nunca exactamente igual.

Esta eminencia se encuentra altamente motivada por haber sufrido en primera (o segunda) persona el trauma de la enfermedad o patología (generalmente crónica). Este becario o especialista asombra al mundo en un congreso mundial (nunca en publicaciones) por sus descubrimientos, pero es acallado o incluso amenazado por las perversas empresas farmacéuticas que solo desean lucrarse a nuestra costa con carísimos medicamentos que solo buscan paliar los síntomas y que jamás buscan la curación del paciente. Yo soy diabético tipo 2 y tomo habitualmente uno de esos costosos medicamentos de primera línea que enriquecen a las farmacéuticas. La medicación está cubierta por el Sistema Nacional de Salud y el precio por gragea es de dos céntimos de euro (mi pauta es de una al día). Compruebo con sorpresa que el precio del medicamento milagroso (y altruista) de la web que no pretende enriquecer a nadie sale por dos euros la pildorita. Nadie explica la razón, pero entiendo que su alto precio se debe a que el desvalido y perseguido becario fabrica artesanalmente y con mucho mimo su pócima y su único canal de distribución es Internet. Los ingredientes están siempre libres de cualquier forma de manipulación química, son naturales y altamente beneficiosos para el organismo (extracto de cebollas, ajos, alcachofas, zanahorias, etc.) Me pregunto: ¿y si me atiborro de cebollas, ajos o alcachofas no tendrá el mismo efecto beneficioso? Pues no: siempre hay que añadir, en proporciones exactas y con precisión de laboratorio (la etiqueta del envase olvida indicarnos los porcentajes), una rara planta o flor del Himalaya, de la India o de una remota isla del Pacífico que, ¡ya es mala suerte!, nunca crece en mi jardín. El anuncio (o artículo) acaba con valiosos testimonios de usuarios agradecidos que han visto su vida transformada por la milagrosa cura. Jamás encontrareis una crítica negativa. Tampoco la aplicación os permitirá incluir vuestros propios comentarios.

Recordemos: la ciencia tiene sus propios medios de comunicación en revistas especializadas y foros específicos en donde se presentan metodologías, hipótesis, pruebas, datos, conclusiones, incluso confrontaciones dialécticas, pero siempre dentro de un rigor científico, reglas y filtros de actuación muy claros. Desconfiemos de los que menosprecian los cauces oficiales de comunicación científica. Por supuesto, incluso revistas de máximo prestigio han podido publicar resultados falsos o erróneos. Esto no debe hacernos desconfiar de ellos, más bien todo lo contrario, es una prueba de que la ciencia tiene sus propios mecanismos de control y transparencia. La ciencia comete y debe cometer errores. La verdad científica siempre debe poder criticarse, los resultados de los experimentos científicos siempre tienen que poder ser replicados, documentados, contrastados o reinterpretados por diferentes grupos que aborden el problema desde diferentes puntos de vista.

Los científicos sabemos que en la ciencia no hay nada incuestionable ni verdad inmutable, especialmente en las especialidades que abordan innovaciones en las fronteras del conocimiento. Esta es la premisa para la innovación científica y desarrollo tecnológico.

No es menos cierto que para criticar o mejorar una teoría, una técnica o una formulación es preciso conocer muy a fondo esa teoría, esa técnica o esa formulación. No nos engañemos: Picasso no pintaba como lo haría un niño de cuatro años sin estudios, ni Newton descubrió la ley de la gravedad por casualidad mientras dormía debajo de un manzano. La formación rigurosa y las vías oficiales de comunicación científica con revisión por pares (el mismo trabajo científico es revisado al menos por dos expertos independientes) son los elementos que permiten avanzar con paso firme y no caer en los engaños y las falacias.

Usemos en nuestros debates datos fiables, contrastados por publicaciones o instituciones acreditadas. Me diréis: eso no es fácil y está fuera de mis conocimientos y posibilidades. Las publicaciones en revistas especializadas no son accesibles al público en general y son muy complejas de entender. Totalmente de acuerdo, bajemos entonces el nivel sin perder rigor científico: apoyémonos en artículos de divulgación, revisiones o libros de carácter más básico o general, incluso notas de prensa. Si la publicación es seria, en ellos se citarán las fuentes bibliográficas que soportan las afirmaciones. Comprobemos que las citas son identificables: autor, título, revista, año de publicación, páginas. Tengamos claro la distinción entre opinión e información; entre evidencias y suposiciones.

Una dimensión en la que debemos mantenernos en modo Sistema 2 es cuando manejamos porcentajes, gráficas de tendencia, tablas numéricas, etc. En definitiva, todo lo relacionado con datos estadísticos y su interpretación. En este ámbito, incluso personas acostumbradas a manejar información numérica en cualquiera de sus formas de representación pueden ser objeto de manipulación. La razón es que para la mayoría de la población los errores matemáticos no son evidentes y exigen la presencia de nuestro lento y tedioso Sistema 2. En muchos casos el problema es que obviamos el principio fundamental de la estadística: la certeza matemática solo se cumple para grandes muestras y por ello uno de los errores más comunes es pretender extrapolar y concluir a partir de muestras muy escasas de datos.

Por ejemplo: estamos jugando a la ruleta y vemos que ha salido cinco veces seguidas un número rojo. Muchos de nosotros estaríamos tentados a apostar a continuación al negro siguiendo el siguiente razonamiento: por probabilidad tienen que salir tantos rojos como negros; ahora empezarán a salir los negros. Voy a apostar fuerte. ¡Pues no!, yo no me jugaría una importante suma de dinero. El razonamiento de que tiene que salir por necesidad el mismo número de veces los rojos que los negros se alcanza en rigor con un número infinito de tiradas ¿Tiene usted una cantidad infinita de dinero para apostar? No, entonces le aconsejo: no se arriesgue en demasía. A este respecto, es bueno tener en mente la siguiente reflexión: los números no son seres inteligentes, ni se mueven por instinto o por sentimientos. Por supuesto, no tienen memoria ni conocen mi fecha de nacimiento. En otras palabras, el número trece no sabe de supersticiones, buena o mala suerte; desconoce si acaba de salir hace poco o hace tres horas en la ruleta o en la primitiva.

La tendencia a asumir o extrapolar los sucesos en los que hay poca muestra es un error muy común del Sistema 1. Si en mi bloque de apartamentos de veinte familias ha habido cuatro nacimientos en el último año, en la siguiente discusión en la que se debate sobre el problema de la falta de natalidad en España, tal vez esté tentado a argumentar afirmando: «No, eso no es necesariamente cierto. En mi opinión, la tendencia está cambiando, sirva de ejemplo que en mi bloque...» es una argumentación anecdótica y por tanto falsa, mi muestra es ridículamente pequeña. Jamás podré extrapolarlo al resto de la población española.

Esta forma de razonamiento entra dentro de los denominados heurísticos: en ellos nuestras decisiones se basan en dejar que el Sistema 1 asuma como ciertas las conclusiones basadas en nuestras experiencias previas y sesgos.

Pongamos ahora algún ejemplo ilustrativo de otros errores comunes o manipulaciones estadísticas. ¿Hablamos de porcentajes o de valores absolutos? Aquí los medios de comunicación, los políticos o tertulianos hábilmente nos presentan los datos de una forma u otra para apoyar sus argumentos:

> Noticia: durante el último mes, del total de los 800 fallecidos en los hospitales por COVID, un 50 % estaba vacunado con pauta completa y un 50 % sin vacunar.
>
> Conclusión precipitada: da lo mismo vacunarse que no, es una cuestión de azar. Yo no me vacuno, no voy a correr riesgos innecesarios. ¿Acaso hay algún error en mi argumentación?
>
> Análisis razonado: ¿son válidas estas argumentaciones?, ¿dónde está el posible error? Seamos cautos. En los datos no se ha mencionado la muestra sobre la cual se aplican los porcentajes. Busquemos más información: descubrimos que en la población española ya hay cuarenta millones de vacunados y solo cuatro millones quedan sin vacunar.

¿Cómo se interpretan ahora los datos? Resulta que el porcentaje de muertes por COVID entre los no vacunados es 400/4.000.000 es decir, han muerto 1 de cada 10.000 personas. Por contra, entre los vacunados solo han fallecido 400/40.000.000, es decir, 1 cada 100.000. La diferencia es notable. La evidencia a favor de la vacunación es estadísticamente significativa.

Otro ejemplo similar:

Noticia: en los accidentes de tráfico con víctimas mortales el 30 % no llevaba el cinturón de seguridad correctamente abrochado.

Conclusión precipitada: el 70 % restante sí lo llevaba y fallecieron igual. La protección no sirve de nada.

Análisis razonado: ¿cuántos accidentes de tráfico se han producido en España en el último año? ¿Cuántos con víctimas mortales? Consultemos las tablas de la DGT. En el último año ha habido 72.959 accidentes con víctimas, de los cuales han fallecido 1.110 conductores y pasajeros. De ellos 777 llevaban el cinturón y 333 no. Hagamos las cuentas. De los 72.959 accidentes con víctimas, 69.311 llevaban el cinturón y en ese colectivo se produjeron 777/69.311 muertes, lo que equivale a un 1,1 % de fallecidos. Las víctimas mortales entre los que no llevaban el cinturón fueron 333/(72.950-69.311), lo que supone un 9,1 %. Nuevamente, diferencias estadísticamente significativas a favor de llevar el cinturón.

¡Pero hacer cuentas, cálculos y porcentajes es una tarea tediosa que consume tiempo y energía! Bien, no hagamos cuentas, pero enseñemos a nuestro Sistema 1, al menos, a detectar automáticamente si nos falta información relevante en los datos, antes de sacar conclusiones precipitadas:

- El empleo ha subido un 200 % este mes en mi pueblo ¡Es un gran logro del alcalde!
- ¿Cuánta gente hay con empleo en tu pueblo ahora, respecto al mes anterior?
- Bueno, siendo sinceros antes había treinta personas que trabajaban y ahora han abierto una empresa que ha contratado a sesenta trabajadores, en total tenemos noventa personas en activo.
- ¿Cuál es la población en edad de trabajar en tu pueblo?
- Creo que unas doscientas personas.
- O sea que la tasa de paro en tu pueblo actualmente es del 55 %. Yo no haría muchas celebraciones todavía.

En ocasiones otras manipulaciones se producen en los cálculos del tanto por ciento de los porcentajes. Lo escuché entre unos tertulianos hace algún tiempo en la radio: «El Gobierno ha anunciado un incremento de la subida del IVA de 3 puntos desde el 18 % al 21 %, lo cual es una subida inadmisible del 16 % sobre el precio del IVA vigente. ¿Cómo vamos a permitir que la gasolina y los artículos de primera necesidad suban un 16 %? ¡Gobierno dimisión!» Dejo al lector a que rebata dicha afirmación con un sencillo cálculo.

Es un mecanismo frecuente de manipulación presentar la información de forma pictórica con gráficas o esquemas de llamativos colores y trazo grueso si queremos destacar lo bien o mal que lo hizo tal partido político. Solo os digo: si un alumno me presenta una gráfica de datos, sin rotular los ejes, sin la escala apropiada, o ajustando a curvas de tendencia sin rigor matemático se arriesga a ganarse un suspenso. Seamos muy cuidadosos: las representaciones visuales son muy útiles para activar de forma muy poderosa nuestro Sistema 1, pero de ellas tiene que poder extraerse toda la información para que nuestro Sistema 2 analice los datos, presuntamente contenidos.

Demos por finalizado este capítulo con un razonamiento erróneo descrito perfectamente por el ya mencionado Daniel Kahneman (mientras repaso las páginas de este libro, escucho la noticia de su fallecimiento, su obra perdurará, gracias por ilustrarnos con tus conocimientos, Daniel) denominado la falacia de la conjunción y que consiste en asignar una mayor probabilidad a los sucesos más específicos y detallados que a los más generales. Veamos un ejemplo ilustrativo:

María es una joven madre soltera que terminó su carrera con premio extraordinario en Ciencias Políticas, vegana y aficionada al montañismo y que practica yoga de forma habitual y que tiene un caniche en casa. Con esta información responda: ¿En su opinión que es más probable?:

A. Que María en la actualidad sea una profesora universitaria y que forme parte de una asociación en defensa de los animales.

B. Que María en la actualidad sea una profesora universitaria.

La mayoría de los encuestados responden la opción A ¿Es tu caso? Si es así has caído en la trampa de la falacia de la conjunción y no has razonado correctamente desde un punto de vista estadístico. Explicación: en la población en general existe una población mayor de profesoras universitarias que de profesoras universitarias que además formen parte de una asociación en defensa de los animales (A es un subconjunto de B) por lo que la probabilidad de encontrar a una persona del conjunto A es claramente inferior a la de encontrarse en B. Téngase en cuenta que ninguno de los detalles mencionados en relación con la biografía y gustos de María determinan necesariamente la inclusión en A o B.

A modo de conclusión

Una documentación exhaustiva es esencial antes de plantear cualquier argumento, especialmente cuando se trata de manejar datos estadísticos. Estos datos son herramientas poderosas para reforzar tu posición, pero deben ser presentados con precisión y en el contexto adecuado. El mal uso o la interpretación errónea de las estadísticas puede debilitar tu credibilidad y llevar a conclusiones equivocadas. Por eso, es fundamental no solo contar con fuentes fidedignas, sino también entender completamente los datos citados, para usarlos de manera clara y convincente, anticipando posibles objeciones, malentendidos o manipulaciones.

7. Y tú, ¿cómo andas de lógica proposicional?

Era habitual en los episodios de la mítica serie de *Star Trek*: el Dr. Spock se pregunta por las ilógicas emociones de los seres humanos que enturbian el razonamiento. En muchas ocasiones, sus recomendaciones, perfectamente fundadas y siguiendo una impecable lógica, son desoídas y chocan con las decisiones del capitán Kirk, basadas en irracionales, arriesgadas e intuitivas emociones humanas. La lógica de la razón frente a la intuición. Algoritmos y reglas matemáticas frente a chispazos o ideas felices. Nuestro Sistema 2 frente al Sistema 1. Kaspárov frente a Deep Blue. El hombre frente a la máquina. ¿Por quién apostamos? ¿Por el siempre victorioso Capitán Kirk o por el metódico Dr. Spock? ¿Cuál debería ser nuestra actitud en un debate?

Ya hemos mencionado que para Schopenhauer la pregunta no tiene mucho sentido ya que se da por hecho que todo el mundo es capaz de razonar de forma lógica y es prácticamente imposible salir victorioso en un debate con las únicas armas de las leyes de la lógica proposicional. Si estás de acuerdo con Schopenhauer puedes saltarte este capítulo ya que estás sobrado de razonamiento lógico... Bueno, por si acaso no estará de más un pequeño repaso a estos conceptos de primero de Filosofía.

Por otra parte, a estas alturas del libro, el lector ya se habrá percatado que el debate se gana o pierde a muchos niveles. Un desliz lógico puede llevarnos a dar por traste toda nuestra argumentación. Una enigmática contestación de nuestro oponente, basada en una contradicción o una paradoja, puede hacernos dudar de la fuerza de nuestra frase o al menos obligarnos a hacernos pensar (salvo que seamos rápidos de reflejos) sobre lo que ha querido decir el contrario:

> — Usted, señor García, siempre miente a los españoles y por eso nunca será presidente de este país.

– Le doy la razón, como yo siempre miento usted nunca podrá saber si llegaré o no a presidente como buen español que es.

Intentaré no abrumar en este capítulo con exceso de formalismo matemático y centrarnos en los elementos que podemos manejar en un debate y no caer en ejemplos de situaciones que poco o nada tienen de aplicación en la vida diaria (a menos que uno se dedique a resolver acertijos, problemas lógicos o sea fabricante del *hardware* o *software* de un ordenador).

Casi todos los libros de lógica analizan el clásico problema de los dos guardianes donde uno siempre dice la verdad y el otro siempre miente. Uno custodia la puerta de la vida y otro la de la muerte. Yo no os voy a preguntar sobre lo que hay que hacer para identificar al guardián mentiroso y así salvar la vida, ya que en realidad nunca me he encontrado a nadie que siempre diga la verdad o que siempre mienta; mucho menos que guarde las llaves de la vida o la muerte. ¡Vaya, por Dios! No os voy a preguntar, porque ya os lo estoy preguntando y nunca me he encontrado a nadie, es una doble negación, lo que quiere decir que alguna vez me he encontrado a alguien. ¿Y si ese alguien soy yo mismo? Definitivamente Schopenhauer no tiene razón y esto de la lógica formal es más complejo de lo que parece.

Este capítulo y el siguiente pueden resultar algo áridos para algunos lectores, pero no os agobiéis y dejémonos guiar como afirma el bueno de Sancho Panza por el sentido común. En su calidad de gobernador de la ínsula Barataria se le plantea un problema de lógica en principio irresoluble: «Si alguno pasare por este puente de una parte a otra, ha de jurar primero adónde y a qué va; y si jurare verdad, déjenle pasar, y si dijere mentira, muera por ello ahorcado en la horca sin remisión alguna».

El problema se le plantea a Sancho cuando al tomar juramento a un hombre contesta afirmando que para lo que había venido era para morir en la horca y no a otra cosa: «Si a ese hombre lo dejaban pasar libremente, había mentido en su juramento y, conforme a la ley, debía morir ahorcado; pero, si lo mandaban ahorcar, entonces, como él había jurado que iba a morir en aquella horca, y, había jurado la verdad, por la misma ley debía ser puesto en libertad». ¿Qué hizo Sancho para romper la contradicción? Pues salirse de las leyes de la lógica «[...] porque si la verdad le salva, la mentira le condena igualmente; y siendo esto así, como lo es, soy de parecer que [...], pues están en un filo las razones de condenarle o absorverle, que le dejen pasar libremente, pues siempre es alabado más el hacer bien que mal».

Si alguien quiere la solución al problema de los guardianes, consulte un buen libro de lógica. Puestos a elegir, os recomiendo el libro de Montaner y Arnau[7], aunque desconozco si a estas alturas estará descatalogado, dado el poco interés que en ciertos momentos de nuestra historia reciente han sufrido las cuestiones filosóficas.

Los razonamientos lógicos se caracterizan porque a partir de una o varias premisas o enunciados asumidos como ciertos se derivan (infieren) necesariamente unas conclusiones. En un razonamiento sin errores, si hemos asumido las premisas, no podemos negar la conclusión sin entrar en flagrantes contradicciones. Puro formalismo de cálculo matemático, exacto y eficaz. Operaremos con enunciados (proposiciones) que en la lógica clásica solo pueden tomar dos valores: verdadero (1) o falso (0) y a partir de ellos se aplican un conjunto de reglas y fórmulas perfectamente establecidas para inferir conclusiones. A este tipo de razonamiento le llamamos razonamiento deductivo.

Notemos que el ser humano no siempre llega a las conclusiones a partir de este tipo de razonamientos deductivos. En muchas ocasiones también aventuramos conclusiones basadas en una conexión de probabilidad (no necesariamente correcta, si carecemos de muestra suficiente). A esto se denomina razona-

[7]   Pedro Montaner e Hilari Arnau. *Práctica de la lógica proposicional*. 3ª ed. Barcelona: Vicens-Vives, 1997.

miento inductivo. De forma muy, muy simple, podríamos entender que uno de los componentes de la inteligencia artificial se sustenta en un proceso inductivo basado en correlaciones de alta probabilidad con muestras de un ingente número de datos.

«He observado que ayer y anteayer los grajos volaban a baja altura y hacía mucho frío. Voy a ponerme el abrigo para salir de casa porque hoy he visto una pareja de grajos volar a ras de suelo». Este sería un razonamiento de tipo inductivo. En este tipo de razonamiento, la conclusión se deriva a partir de una alta probabilidad (nunca certeza) de que asumiendo las premisas se cumpla la conclusión. Para derivar la conclusión nos apoyamos en la experiencia y en la observación, no en la lógica.

El razonamiento inductivo y la observación son una herramienta fundamental para el avance de la ciencia. Establecemos la verdad universal a partir de lo particular. A partir de los experimentos y las observaciones establecemos leyes. Pero ¡cuidado! Los científicos no se quedan tranquilos hasta no ser capaces de predecir y reproducir fenómenos similares con exactitud y, sobre todo, hasta que no se encuentre una explicación convincente sobre las causas que producen el fenómeno.

Dejemos el razonamiento inductivo para otro momento. En este capítulo repasaremos algo de la formulación y operaciones lógicas, independientemente de su contenido. Para ello, en lógica proposicional usamos símbolos en vez de enunciados y reglas de operadores lógicos que se aplican como las fórmulas matemáticas. Nos ocupamos ahora únicamente de los requisitos para que un razonamiento sea formalmente válido.

Empecemos con un ejemplo sencillo para ilustrar lo que estamos hablando:

Enunciado 1 (premisa 1): todo ser humano es el resultado de la evolución de las máquinas (**p**).
Enunciado 2 (premisa 2): yo soy un ser humano (**q**).
Conclusión: yo soy el resultado de la evolución de las máquinas (**r**).

Dicho de otro modo: si se cumple **p** y se cumple **q**, entonces necesariamente se cumple **r**. En lenguaje formal lo representaremos como:

p
q
(p∧q)→r

donde ∧ representa el símbolo lógico *y* (AND). La flecha → es un conector entre las premisas que llamaremos condicionador, y que podemos traducir por: «Si... entonces...» o «considerando... por tanto...». La fórmula podríamos leerla de la siguiente forma: Si **p** y **q** entonces **r**.

Nótese, como hemos mencionado anteriormente, que no nos cuestionamos en ningún momento la veracidad de las proposiciones, únicamente la validez de la argumentación.

De esto y de algunas cuestiones del tipo «elemental, querido Watson» nos ocuparemos en este capítulo.

Empecemos analizando por una herramienta muy útil que son las tablas de verdad.

Como hemos mencionado, la lógica clásica es bivalente (binaria), es decir, las premisas y las conclusiones son variables que únicamente pueden ser verdaderos (1) o falsos (0). Si asumimos un par de premisas **p**, y **q**, cada uno de ellos podrá ser verdadero o falso y podremos escribir en forma de tabla las siguientes combinaciones posibles de **p** y **q** (Tabla 1):

Tabla 1

p	q
0	0
0	1
1	0
1	1

Si tuviéramos tres premisas posibles, existirán ocho combinaciones, con cuatro premisas la tabla contendría dieciséis combinaciones. En general, si tenemos n enunciados y cada uno puede ser cierto o falso, tendremos 2^n combinaciones posibles.

Introduzcamos a continuación las operaciones básicas o conectores que podríamos hacer con esas variables. En informática a estos operadores se les denomina también puertas lógicas, con ellas podremos implementar operaciones y funciones mucho más complejas.

¿Alguna vez se ha preguntado por qué los ordenadores hacen sus cálculos en modo binario? Una de las razones reside en que trabajamos con un sistema robusto que minimiza los errores. Es mucho más fácil saber si por un cable conductor hay corriente eléctrica (1) o no la hay (0) que saber el valor exacto de la intensidad de corriente que circula por ese cable. Es mucho más fácil saber si hay un agujero por donde pasa la luz o no (origen de las tarjetas perforadas usadas en la década de los setenta y ochenta para comunicarse con los ordenadores en lenguaje máquina).

En este capítulo, os pido que funcionéis como lo haría un ordenador que solo entiende de bits, es decir de unos y ceros. Aprendamos ahora a calcular con esa lógica binaria.

Negación (símbolo ¬). Tomada una proposición, la operación arroja como resultado el contrario de la proposición. Ver Tabla 2.

Tabla 2

p	¬p negación
0	1
1	0

Como su nombre indica, la negación en el lenguaje natural sería un no. Sea **p**, «eres mi amigo»; «no eres mi amigo» lo representamos como ¬**p**.

Un error o falacia formal frecuente es no ser conscientes de que ¬**p** tiene que ser exactamente lo contrario de **p** para tener sentido lógico. Por ejemplo, la negación de «ser mi amigo» (**p**), no es necesariamente «ser mi enemigo», por tanto «ser enemigo» no es equivalente a (¬**p**). Es muy común usar falacias derivadas de esta idea para intentar provocar a nuestro interlocutor:

– Creo que eso que afirmas no se ajusta a la realidad.
– ¿Me estás llamando mentiroso?

Conjunción (símbolo ∧), que ya hemos mencionado de pasada en un párrafo anterior. También llamado AND lógico. En lenguaje común equivale a la conjunción copulativa *y*. «Cristiano Ronaldo es famoso y millonario». Si yo soy Cristiano Ronaldo soy famoso y además soy millonario. Más tarde veremos el condicional y el bicondicional, pero ya podéis daros cuenta de que si yo no soy Cristiano Ronaldo (a lo más que me aproximo es que compartimos fecha de cumpleaños), no podemos afirmar nada. Tampoco podemos decir que si soy millonario y famoso quiere decir que yo sea Cristiano Ronaldo. La operación arroja el valor cierto únicamente si ambos enunciados son ciertos: Tabla 3.

Tabla 3

p	q	p∧q conjunción
0	0	0
0	1	0
1	0	0
1	1	1

Disyunción (símbolo ∨). También llamado OR lógico. Equivale a la conjunción copulativa *o* (generalmente entendida en sentido inclusivo), es decir de dos proposiciones se puede dar una de las alternativas o ambas (o ninguna). Tabla 4.

Tabla 4

p	q	p∨q disyunción
0	0	0
0	1	1
1	0	1
1	1	1

En un restaurante:

- ¿Carne o pescado?
- ¿No puedo tomar las dos cosas?
- Por supuesto, señor, no hay problema. (Inclusivo, opción válida).

La inclusión contempla la opción de elegir ambas proposiciones, sin embargo, también podría usarse una interpretación exclusiva, forzando a asumir una alternativa y negar la otra. Este operador se denomina disyunción fuerte o exclusiva (XOR lógico) y se representa por el símbolo ⊻. Véase Tabla 5.

Tabla 5

p	q	p⊻q disyunción exclusiva
0	0	0
0	1	1
1	0	1
1	1	0

En el ejemplo anterior del restaurante:

- No, lo siento, tiene que elegir necesariamente entre un plato u otro. (Exclusivo).

En el campo médico (me dirijo a mis alumnos de primero) el aplicar implícitamente el *o* exclusivo puede llevar a graves errores de diagnóstico o tratamiento. Mencionemos procesos de razonamiento XOR en ocasiones, causa de errores: Descartar otras posibilidades quizá menos probables, pero posibles. Si el médico se centra en dos opciones excluyentes descartando otras posibilidades, podría obviarse un diagnóstico o tratamiento alternativo. No considerar condiciones recurrentes. Si dos patologías no son realmente excluyentes, podrá darse el caso de que el paciente padezca ambas. Un paciente puede tener una tuberculosis afectando al pulmón, pero también podría tener un cáncer de células pequeñas altamente agresivo simultáneamente. En resumen, en medicina y por supuesto en el mundo real, jamás debemos subestimar la complejidad del caso y aplicar de forma precipitada y simplista el XOR. Muchas decisiones populistas se basan en esta falacia obviando que la mayoría de los problemas exigen enfoques y soluciones holísticos (globales).

Nótese que en el modo exclusivo estamos imponiendo que si **p** y **q** son las alternativas forzosas ¬**p** implica **q** y viceversa: «Te lo voy a decir claramente o estás conmigo o estás contra mí; no hay término medio», «en el formulario tienes que marcar obligatoriamente si eres hombre o mujer; no aceptamos el término no binario».

Observación: esta operación puede expresarse también a través de las puertas lógicas básicas AND, OR y NEGACIÓN, una opción y no la única) puede ser: (p∧¬q)∨(¬p∧q). Nótese, el empleo de los paréntesis. En lenguaje de lógica proposicional querría decir que mi categórico: «No hay término medio» se puede expresar más formalmente y de forma idéntica (y compleja) como: «Puedes elegir entre estar conmigo y no estar contra mí o también puedes de forma inclusiva decidir no estar conmigo y estar contra mí».

Estoy de acuerdo con vosotros que a primera vista no es fácil ver que ambos razonamientos son idénticos y creo muy poco probable que en medio de un debate seamos capaces de ver que se trata de una tautología (este término lo explicaremos más adelante).

Al construir la tabla de verdad (Tabla 6), vemos que, efectivamente, dan el mismo resultado.

Tabla 6

p	q	¬p	¬q	p∨q	p∧¬q	¬p∧q	(p∧¬q)∨(¬p∧q)
0	0	1	1	0	0	0	0
0	1	1	0	1	0	1	1
1	0	0	1	1	1	0	1
1	1	0	0	0	0	0	0

No pretendo convertiros en expertos en cálculo lógico y convertiros en ordenadores, solo que seáis conscientes de que cualquier pensamiento complejo siempre puede reducirse a elementos más sencillos (o complicarse a voluntad).

Tal cual puede observarse en el ejemplo, independientemente del lenguaje empleado, el proceso de razonamiento tiene una formulación exacta e irrefutable que no debemos transgredir sin entrar en falacias. A eso lo llamamos razonar con lógica.

Veamos ahora otras posibles relaciones entre dos enunciados.

Condicional (Símbolo →). Si... entonces. Indica una condición suficiente (no necesaria) para que, si se cumple el antecedente (la parte previa al condicionador) entonces se cumple el consecuente (la frase posterior). «Si llueve, entonces me mojo». Observación, en lenguaje común no es necesario emplear el término «Si... entonces...» para dar sentido de condicional: «El que no llora, no mama», «los viernes trabajo desde casa».

Si llueve (**p**) me mojo (**q**). La tabla de verdad (Tabla 7) para **p** = llueve, **q** = me mojo.

Es decir, si llueve (1) ciertamente me mojo (1), pero si no llueve (0) podría mojarme (1) o no mojarme (0) y ambas situaciones son perfectamente válidas desde un punto de vista lógico.

Tabla 7

p	q	p → q condicional
0	0	1
0	1	1
1	0	0
1	1	1

Bicondicional (Símbolo ↔). Si y solo si... Ahora estamos estableciendo una condición suficiente y necesaria. «Solo cuando yo muera heredarás. Entonces podrás disponer de mi inmensa fortuna». Tabla 8.

Tabla 8

p	q	p ↔ q bicondicional
0	0	1
0	1	0
1	0	0
1	1	1

Un bicondicional es en realidad la conjunción de un condicional y de su inverso. (p→q) ∧ (q→p).

Un apunte sobre el sistema de notación habitualmente empleado en lógica proposicional: el uso de letras mayúsculas, A, B... en vez de las p, q, etc., representan estructuras más generales que pueden ser sustituidas por cualquier fórmula o conjunto de enunciados. Por ejemplo, A, B... pueden referirse a enunciados simples del tipo p, ¬p, pero también puede incluir cualquier estructura más compleja, del tipo A es: (p∧¬q)∨(¬p∧q).

Antes de seguir con las leyes de la formulación lógica sentemos los fundamentos de algunos principios básicos de la ontología (estudio metafísico del ser) que se corresponden con tres principios de la lógica clásica proposicional.

Desde Aristóteles se consideran tres principios (indemostrables), que haremos bien en respetar en nuestros debates. Estos son: identidad, no contradicción y tercio excluso (o tercero excluido).

- Principio de identidad: toda entidad es idéntica a sí misma. En términos de lógica proposicional, su equivalente sería: $A \leftrightarrow A$, es decir toda proposición es verdadera solo y solo si ella misma es verdadera.
- Principio de no contradicción: es imposible que un ente sea y no sea al mismo tiempo y en el mismo sentido. En lógica proposicional: no es posible que se afirme una proposición y simultáneamente se afirme la contraria $\neg (A \wedge \neg A)$.
- Principio del tercio excluido: un ente o bien tiene una propiedad o bien no la tiene y no hay una tercera posibilidad. Todo es o no es. En términos de lógica proposicional: una proposición es verdadera (1) o falsa (0) y no hay otra alternativa, hablamos de lógica bivalente. $A \vee \neg A$ ¿Es gol o no es gol? ¿Ha atravesado la pelota la línea de meta en su totalidad? Sí, pues es gol. No, pues no lo es. No existen los casi-goles o los medio-goles en el marcador.

Os pongo sobre aviso de que la naturaleza y sus misterios se empeñan en hacernos las cosas más difíciles (o más simples, según se interprete) y algunos de estos principios no se cumplen en otras formas de pensamiento lógico. Por ejemplo, en mecánica cuántica la existencia de las mismas partículas se describe por funciones de probabilidad, no de certeza, los valores pueden ser cualquiera en el intervalo [0,1]. Se trata de una lógica multivalente. También existen lógicas trivalentes, empleadas en computación e inteligencia artificial (tres estados posibles, Verdadero, Falso, Desconocido), lógica difusa (la frontera entre lo cierto y lo falso es no es una transición del todo al nada), etc.

Posteriormente el filósofo alemán Leibniz introdujo un cuarto principio ontológico que denominó principio de la razón suficiente.

- Principio de la razón suficiente: nada es (o acontece) sin que haya una razón para que sea (o acontezca), o sin que haya una razón que explique que sea (o que acontezca), en otras palabras, todo objeto o hecho tiene una razón de ser. Nada existe sin razón. Nada sucede de forma bruta o aleatoria. Es cierto que tenemos que reconocer que hay hechos que escapan a nuestra explicación. Según el principio de la razón suficiente ello solo se debe a que aún no tenemos un conocimiento completo de los mismos, es decir, existe la explicación, pero aún no la hemos descubierto. El principio de la razón suficiente es el que justifica la posibilidad de que existan las ciencias e incluso la propia capacidad de raciocinio. Por tanto, en un debate, siempre debemos tenerlo muy presente y debe de ser asumido por ambas partes. Si mi contendiente no lo asume, os aconsejo que abandonemos el debate, pues la propia mecánica de la discusión carece de sentido. Si algo puede suceder porque sí, los propios juicios que aportemos podrían no estar basados en el principio de la razón suficiente y por tanto no tienen ninguna razón de ser. Por supuesto, no os ocultaré que la afirmación o negación del principio ha sido objeto de discusiones filosóficas muy profundas: ¿es compatible con el libre albedrío del ser humano? ¿Y con las leyes de la mecánica cuántica? Bien, dejemos eso para cursos más avanzados de Filosofía.

Analicemos ahora algunos errores comunes que pueden deslizarse al interpretar erróneamente las leyes de formación del razonamiento lógico. Si en un debate partiendo de premisas verdaderas alguien introduce estas formas de razonamiento (falaz) suele ser bastante fácil desmontar las conclusiones ya que las tablas de verdad no mienten. Por supuesto el error lógico puede introducirse de forma no intencionada, pero también de forma consciente para engañar al interlocutor. Las cuatro falacias siguientes las podríamos catalogar como del tipo de falacias de los enunciados.

– Afirmación del consecuente. En un condicional (**p→q**), la afirmación del consecuente (**q**) no nos autoriza a concluir el cumplimiento de (**p**). ¡Una condicional no es un bicondicional!
  • Si llueve me mojo.
  • Tienes el pelo empapado, está diluviando, ¿verdad?
  • Pues no, es que acabo de salir de la ducha.

– Negación del antecedente. En un condicional (**p→q**), la negación del antecedente (**¬p**) no nos permite concluir la negación del consecuente (**¬q**).
  • No llueve, por tanto, estoy seguro de que hoy no me voy a mojar.
  • Yo no lo tengo tan claro: acabo de ver a tu niño con una pistola de agua.

– Negación de la disyunción. Ya lo hemos mencionado: en una disyunción **p∨q**, la elección de **p** no implica la negación de **q** (**¬q**). Es decir, estamos confundiendo la disyunción inclusiva con la excluyente.
  • ¿A quién quieres más, a papá o a mamá?
  • Los adultos son ilógicos, ¿es que no puedo querer a los dos por igual?

– Negación de la conjunción. El negar una conjunción **¬(p∧q)** no implica la negación de cada una de las premisas.
  • Odio la tortilla de patatas con cebolla.
  • ¿No te gustaba la tortilla de patatas? La he preparado especialmente para ti.
  • Es mi comida favorita.
  • Ya veo, ¿no te gusta la cebolla?
  • Me encanta la cebolla.
  • Pues no entiendo nada.
  • Lo que no entiendes es que la negación de una conjunción no implica la negación de cada uno de los enunciados.

Existen, por supuesto, otras formas y categorías bastante más elaboradas de cometer errores formales que pueden ser más difíciles de detectar. Existen multitud, mencionemos algunos frecuentes.

- La falacia de la falacia. Asumir como falsa una conclusión por el hecho de que un argumento en particular sea erróneo o que la deducción vaya en contra de la lógica formal. La conclusión pudiera ser correcta, pero partiendo de otros planteamientos iniciales o razonamientos.
- Sustitución ilícita de idénticos, también conocida como la del hombre enmascarado que consiste en reemplazar un concepto por otro que en apariencia representa lo mismo, en un contexto en el que tal sustitución en realidad cambia el sentido de la afirmación.

Premisa 1: María se va a casar con Juan.
Premisa 2: Juan es un hombre rico.
Conclusión falaz: María se casa por dinero. Nótese que María puede ni siquiera saber que Juan sea un hombre rico.
Otro ejemplo, de donde toma el nombre la falacia:
Premisa 1: conozco perfectamente a Lily, mi mujer.
Premisa 2: no sé quién es la mujer enmascarada con la que bailé el otro día en la fiesta de disfraces.
Conclusión falaz: la mujer enmascarada con la que estuve bailando no puede ser mi mujer.

Y otro más (y más peligroso):

- El médico me ha mandado estas pastillas dos veces al día.
- Yo tengo lo mismo que tú y no tomo pastillas; yo sigo un tratamiento natural a base de hierbas que es igual de efectivo.
- Tienes razón, y así evitamos que se enriquezcan las farmacéuticas.

A modo de conclusión

Conocer los principios de la lógica proposicional es crucial en un debate porque proporciona una estructura sólida para construir y analizar argumentos. Te ayuda a evitar errores de razonamiento, a ser más persuasivos y a identificar falacias en las posiciones contrarias. Al dominar estos conceptos, puedes fundamentar tus ideas de manera clara y coherente, lo que refuerza la credibilidad y efectividad de tu discurso.

8. Sobre tautologías, definiciones y paradojas

Veamos ahora algunas aplicaciones de los conceptos que vimos en el capítulo anterior. Hablaremos sobre tautologías, contradicciones y paradojas y, ya puestos... Vamos a definir la definición.

La tautología sucede cuando en una tabla de verdad todas las combinaciones posibles llevan al valor cierto. Ello implica que las premisas y las conclusiones son totalmente equivalentes. Dicho de otra forma, estamos diciendo lo mismo con otras palabras. Tautología (del griego, ταυτολογία: decir lo mismo).

En forma de proposición lógica, A→A, lo que es una obviedad y que puede usarse con fuerza en eslóganes o publicidad: *«I am what I am»* (Gloria Gaynor), «una rosa es una rosa es» (Mecano), «lo bueno sabe bien» (Pescanova), «vive ahora» (Pepsi), o en situaciones humorísticas: «Los pies son esas cosas como las manos, pero que tenemos en los pies» (La Codorniz), «el matrimonio es la principal causa del divorcio» (G. Marx). En mítines, campañas electorales o debates, actúan como argumentos vacíos: no lograrán reforzar o llamar la atención de la idea principal; más bien se vuelven en contra del que lo pronuncia: «Para la NASA, el espacio es todavía alta prioridad» (D. Qualy y repetido años más tarde por G. Bush, por si acaso no nos había quedado suficientemente claro): «Las decisiones se toman en el momento de tomarse» o «un plato es un plato y un vaso es un vaso» (M. Rajoy).

En talleres de oratoria es un buen ejercicio recopilar perlas de ese tipo. Una pista, hay cientos de ellas.

Veamos un ejemplo de una tautología muy sencilla como es la de: «Ser (**p**) o no ser (**¬p**)...» y comprobamos que todas las opciones de **p∨¬p** llevan al valor verdadero. Tabla 9.

Tabla 9

p	¬p negación	p ∨ ¬p
0	1	1
1	0	1

Algunas son un poquito más elaboradas. Ya vimos una anteriormente que $(p∧¬q)∨(¬p∧q)$ era equivalente a p⊻q puesto que ambos cálculos arrojan el mismo resultado. En terminología lógica ese dar el mismo resultado o ser equivalentes se traduce por el bicondicional: $[(p∧¬q)∨(¬p∧q)]↔⊻(p⊻q)$ es por tanto una tautología (ambas expresiones a cada lado del bicondicional dicen lo mismo, son equivalentes). Recordando que la operación bicondicional nos da el valor cierto (1) cuando ambas premisas son ciertas (1,1) o ambas falsas (0,0), el lector con intereses más avanzados podrá comprobar (Tabla 10), que siempre se obtiene el valor 1 (tautología).

Tabla 10

p	q	¬p	¬q	p⊻q	p∧¬q	¬p∧q	(p∧¬q)∨(¬p∧q)	(p∧¬q)∨(¬p∧q)] ↔ p⊻q
0	0	1	1	0	0	0	0	1
0	1	1	0	1	0	1	1	1
1	0	0	1	1	1	0	1	1
1	1	0	0	0	0	0	0	1

Una tautología muy frecuente en español (no tanto en inglés) es el empleo de la doble negación A↔¬A, bien porque usamos sinónimos de «no» tales como: «nunca», «jamás», etc. o bien por la introducción de antónimos: «En Madrid estará permitido todo ello que no esté prohibido» (E. Arrigue), «si no triunfamos, corremos el riesgo de fracasar» (D. Qualy).

Pero, como dice la Biblia, el que esté libre de pecado que tire la primera piedra, pues las tautologías también suelen aparecer frecuentemente en nuestro lenguaje cotidiano o escrito, habitualmente en forma de perogrulladas o pleonasmos.

Las perogrulladas se producen cuando damos una explicación redundante y que no aporta ninguna información añadida, por ejemplo: «Sé que es de día porque no es de noche», «lo que siento por ti es amor sin h, si fuera con h ya no sería amor» (si se lo dices a tu novia/o con voz tierna igual quedas muy bien, pero igual si ha leído este libro te pregunta si eres hijo de Pere Grillo).

El empleo de este tipo de argumentos nos puede dar al traste en nuestro debate, pues son pruebas evidentes de que nuestro argumentario está hueco y es redundante. ¡Ojo!, incluso puede ser un arma de doble filo ya que lo que soltamos alegremente como una perogrullada podría no serlo, no tener validez universal o ser un claro error, con lo cual se volverá contra nosotros dando pie a la réplica:

> Ejemplo: aparente perogrullada de un usuario ofendido al acudir a un hospital de urgencias en Estados Unidos al observar que su apellido lo habían escrito sin tilde en la ficha y su peso aparecía reflejado en libras. «Mi apellido es Pérez con acento en la "é", y se escribe así, aquí y en cualquier lugar del mundo, y mi peso es de 70 kg en cualquier lugar del universo conocido. ¡Faltaría más! ¡A ver si respetamos otras culturas!».
>
> Contestación: «Gracias a que en muchos lugares del mundo respetan tus costumbres occidentales y usan tu alfabeto latino has podido saber si lleva o no tilde. En coreano, japonés, chino, cirílico o árabe dudo mucho que seas capaz de adivinar dónde está la letra e, con o sin acento. Lo del peso universal, vamos a dejarlo aparte, pues la luna, que también es universo conocido, tu peso sería de 11,57 kg».

Otro ejemplo de aparente perogrullada que acaba en la ficción en una demanda judicial (sacado de una película que ahora no recuerdo su nombre) lleva a que una profesora se enfrente a una denuncia por mantener que dos y dos son cuatro (¡Eso lo sabe hasta un niño de tres años, es de Perogrullo!), suspendiendo a un alumno cuya contestación había sido: dos y dos son veintidós (¡Vaya, nos ha salido graciosillo el niño!).

Este último ejemplo merece nuestra atención ya que el alumno muestra una cualidad a valorar de forma muy importante en un debate y es su gran capacidad de pensamiento lateral, definido como «la capacidad de resolver situaciones o problemas de forma creativa saliendo en cierto modo de la lógica comúnmente aceptada». El pensamiento lateral, si somos capaces de introducirlo de forma rápida en un debate puede desconcertar (al menos temporalmente) a nuestro adversario. Veamos algunos ejemplos de pensamiento lateral:

- Una adivinanza sencilla: ¿cuántos meses del año tienen 28 días? Si has contestado 1, tu respuesta es errónea y está muy lejos de la realidad. Piensa un poco con mentalidad lateral.
- Otra adivinanza que se ha hecho viral recientemente en las redes sociales: un padre y su hijo viajan en coche y tienen un accidente grave. El padre muere y al hijo se lo llevan al hospital porque necesita una compleja operación de emergencia, para la que llaman a una eminencia médica. Pero cuando entra en el quirófano dice: «No puedo operarlo, es mi hijo». ¿Cómo se explica esto? Si no lo habéis acertado, os doy una pista. La adivinanza mide en cierto modo tu grado de micromachismo.
- Entrevista de personalidad para ingresar en el cuerpo de policía. Conduces un deportivo con una sola plaza de ocupante y durante una terrible tormenta de nieve te encuentras en la carretera con un grupo de tres personas que necesitan tu ayuda: un niño enfermo que necesita atención urgente en un hospital, tu compañero de patrulla que te ha salvado la vida en más de una ocasión y tu novia. ¿Qué harías? Seguro que pensáis que lo del niño es prioritario... pero os voy a dar

otra solución al dilema desde el pensamiento lateral: le daría las llaves del coche a mi compañero para llevar al hospital al niño al hospital, mientras yo me quedo esperando con mi novia a que llegue una nueva ayuda.

Los pleonasmos, que como figura retórica para añadir enfáticamente a una frase más palabras de las necesarias para su comprensión con el fin de embellecer o añadir expresividad, podrían ser aceptables en un lenguaje informal o poético, pero en un debate demuestran un cierto grado de *tontismo*: bajar abajo, proyecto de futuro, lleno completo, antecedentes previos, funcionario público, estreno absoluto, hemorragia sangrante, salir afuera, secreto oculto, dar un puñetazo con el puño cerrado, renacer de nuevo, con esa actitud se está autodestruyendo a sí mismo, odio las sorpresas imprevistas, besar con los labios, etc. son ejemplos de pleonasmos bastante extendidos. Huyamos de ellos en lo posible.

En una carta del presidente del Gobierno podemos leer en su inicio: «Madrid, 24 de abril de 2024. Carta a la ciudadanía: No suele ser habitual que me dirija a usted a través de una carta...» ¿pleonasmo?

A pesar de que la RAE no recoge el término *tontismo,* que he deslizado en el párrafo anterior, no resisto la tentación de copiaros aquí algunos ejemplos que forman parte de dicho fenómeno. No siguen exactamente el modelo A $\rightarrow$ A (y poco importa), lo que sí importa es que ni se os ocurra soltar alguna lindeza de este tipo en vuestros debates.

Mencionados por Umberto Ecco en su obra póstuma[8] se pone en duda la cultura del hablante: «Es hora ya de que la raza humana entre en el sistema solar», «he hablado con el nuevo presidente de Méjico, para que nos envíe petróleo a Estados Unidos, así no tendremos que depender del petróleo extranjero», «no, no es contaminación, son impurezas del aire y el

---

[8]   Umberto Eco. *De la estupidez a la locura.* Barcelona: Lumen, 2016.

agua». Otra de un presidente en visita a un país latinoamericano: «Sería bueno aprender latín para comunicarme mejor con sus habitantes».

Yo también he oído alguna. En un debate parlamentario: «Todas las comunidades autónomas tendrían que recibir siempre la subvención por encima de la media de lo que se asigne a cada comunidad autónoma». Otra, más antigua de un ministro de Trabajo, Sanidad y Seguridad Social hablando de la causa de la enfermedad provocada por intoxicación por aceite de colza en España en los años ochenta: «El bichito (causante de la enfermedad) es tan pequeño que, si se cae de la mesa, se mata».

Las tautologías no necesariamente encierran un concepto negativo. Definir o establecer equivalencias son en realidad el arte de crear tautologías. Definir no es siempre fácil.

La definición debería cumplir el esquema lógico $A \leftrightarrow \veebar B$, es decir debe aplicarse a todo el conjunto de elementos que entran en la definición y solo a ellos.

Constituye un aspecto de primera magnitud en cualquier debate. Muchos debates que contraponen diferentes puntos de vista, en muchos casos, lo que enfrentan en realidad son diferentes definiciones o acepciones de un mismo concepto.

Por ejemplo, tema de debate: ¿es el aborto un homicidio? Sin entrar en la polémica en sí, e independientemente de los condicionantes éticos o ideológicos, lo primero que deberíamos hacer es acordar las definiciones de aborto y de homicidio. Acudimos como primera fuente de autoridad a la RAE: homicidio se define como «Muerte causada de una persona a otra», también encontramos una acepción legal: «Delito que consiste en matar a alguien sin que concurran las circunstancias de alevosía, precio o ensañamiento». Consultamos ahora aborto: «Interrupción del embarazo por causas naturales o deliberadamente provocadas. Puede constituir eventualmente un delito».

— ¿Estamos ya de acuerdo y podemos empezar con el debate?

– Pues, ¡va a ser que no! Define primero «matar», después me aclaras eso del agravante de precio.

– Vale, matar es, en derecho penal, un delito contra la vida humana en el que el bien jurídico es la vida humana independiente. El agravante de precio significa...

– No sigas. Define vida humana independiente, o mejor, define «vida».

– ¿Desde un punto de vista jurídico, médico, teológico o metafísico?

– Apaga y vámonos.

Saber definir con exactitud es esencial. Las definiciones son importantes en cualquier debate. Definir es el proceso por el cual establecemos una proposición que expone con claridad y exactitud los caracteres genéricos y diferenciales de algo material o inmaterial.

La definición debe ser concisa y objetiva. El término para definir nunca puede estar incluido en la definición. No debemos definir a partir de contrarios o exclusiones. No definamos por sinónimos, por simbología o metafóricamente. Podemos poner ejemplos para ilustrar la definición, o aportar la etimología correcta, pero nada de esto es una definición. Ejemplo de pésima definición (salvo que pretendamos hacer un chiste): un diccionario es un libro que contiene definiciones de palabras y términos, como por ejemplo allí podemos encontrar la definición de la palabra definición.

Dilemas, contradicciones y paradojas

La tabla de verdad de una tautología es aquella que arroja que todas las combinaciones posibles de los enunciados sean verdaderas, en el dilema o falso dilema, planteamos una disyunción que necesariamente nos lleva al mismo resultado independientemente de la opción elegida.

Ejemplo:

- El hijo de unos amigos tiene problemas con la droga y los padres están pensando en quitarle el dinero de la asignación.
- ¿Dónde está el dilema? Yo no le daría ni un euro. Así no podrá adquirir nada.
- Entonces podrá traficar con la droga que le pasan, tendrá más dinero y podrá consumir más cantidad.
- Ahora entiendo el dilema, si le das dinero, consume; si no le das, también consume.

En la vida real, los dilemas frente a los que nos enfrentamos implican habitualmente componentes éticos o morales y casi nunca las opciones llevan a la misma conclusión o al mismo grado, es decir, tal vez ambas opciones nos lleven a una situación similar, pero raramente idéntica, sin ningún matiz. Los médicos, los pacientes y familiares enfrentan frecuentemente a estos dilemas. Geriatría, salud pública, oncología... sus especialistas podrían ilustrarnos con multitud de ejemplos.

Los debates políticos y entre tertulianos suelen estar plagados de dilemas. La razón es obvia, una vez que hemos asumido la validez del dilema, el razonamiento lógico nos conduce inevitablemente a una única conclusión. El punto para discutir es si estamos ante un dilema o se trata de un falso dilema (y eso es lo más habitual). Recuérdese, en el dilema se nos plantea la necesidad de optar por una premisa u otra y no nos da la opción de optar por una solución alternativa (recuérdese las diferencias entre OR exclusivo y OR inclusivo. En la práctica casi nada es todo blanco o todo negro: siempre hay grados o nuevos argumentos no contemplados en el dilema.

Para salir de la trampa del dilema, si nuestro interlocutor nos ha conseguido encerrar en uno, podemos contestar con un contradilema:

Dilema: si en la fiesta de Nochebuena cenas con tu familia, tu novia se enfadará, pero si cenas con la familia de tu novia, los que se enfadarán serán tus padres. Hagas lo que hagas vas a amargar la fiesta a alguien.

Contradilema: si en la fiesta de Nochevieja ceno con mi familia, mis padres se llevarán una gran alegría y si ceno con la familia de mi novia, ella se llevará una gran alegría. Haga lo que haga conseguiré la alegría de alguien.

En general, contestar a un dilema con un contradilema suele ser alabado por el público y puede ser una forma elegante de salir de él (hacia la galería, pues si el planteamiento propuesto era de un falso dilema, estamos contestando en realidad con otro falso dilema).

El dilema y la tautología nos llevan a que todos los resultados sean ciertos. ¿Existe la posibilidad de que todos los resultados sean falsos? Efectivamente existe esa figura y a eso le llamaremos contradicción, que no debemos confundir con un concepto similar que analizaremos un poco más adelante y que se conoce como paradoja.

Veamos el ejemplo de la contradicción más básica. Una cosa no puede ser verdadera (**p**) y falsa (**¬p**) a la vez, es decir **p∧¬p** (en realidad estamos escribiendo formalmente el principio de no contradicción. Ver Tabla 11).

Tabla 11

p	¬p negación	p ∧¬p contradicción
0	1	0
1	0	0

«Mi muerte tuvo lugar en Madrid, pero sé que aún estoy muy vivo», es una clara contradicción entre muerte y estar vivo. La frase es claramente contradictoria (uno no puede estar vivo y muerto a la vez), a menos que el autor haya querido darle un sentido ambiguo.

La ambigüedad se da cuando una palabra o enunciado puede tener varios significados. Por ejemplo, si en el contexto de la frase al hablar de mi muerte, me refiero a la muerte en mi faceta de profesor o escritor (o lo que haya podido ser) es evidente que puedo estar aún vivo como ser humano.

Analicemos ahora otra frase aparentemente contradictoria de un expresidente del gobierno (gallego, para más información). «A veces la mejor decisión es no tomar una decisión, y eso también es una decisión».

¿Qué encierra la frase desde el punto de vista de la lógica proposicional (independientemente que estemos de acuerdo con que la idea de si es mejor o peor en un momento determinado no tomar una decisión dejando que las cosas se solucionen por sí solas)?

Ya hemos visto que uno de los principios básicos de la lógica es el principio de la no contradicción. Una cosa no puede ser y no ser al mismo tiempo. Sin embargo, la frase fue acogida con grandes aplausos por el congreso. Si nuestra proposición **p** es tomar una decisión, la frase afirma que no tomar una decisión ($\neg$**p**) es también decidir (**p**), es decir $\neg$**p**$\rightarrow$**p**, lo cual es una contradicción innegable desde el punto de vista de la lógica proposicional, sin embargo, en un análisis más profundo entendemos que la frase encierra una verdad irrefutable y todos alguna vez hemos usado ese mecanismo psicológico en nuestra vida diaria para evitar tomar o posponer una decisión difícil. Por otra parte, si lo pensamos bien, en la mayoría de las votaciones democráticas también se admite la abstención (que es en realidad el derecho a no decidir entre dos o más opciones, y por supuesto es una decisión personal, respetable y tan válida como las otras).

¿Dónde está el error? ¿Debemos olvidarnos de la lógica? Creo que no, ya que el expresidente juega con la ambigüedad de los términos.

Si interpretamos que tomar una decisión es realizar la operación lógica OR inclusivo entre dos más opciones **p**$\lor$**q**, no tomar una decisión es $\neg$(**p**$\lor$**q**). Operación totalmente válida cuya tabla de verdad se muestra en la Tabla 12.

Tabla 12

p	q	p∨q disyunción	¬(p∨q) negación de la disyunción
0	0	0	1
0	1	1	0
1	0	1	0
1	1	1	0

El resultado es el esperado, se trata justo de la operación inversa y, por tanto, no tomar una decisión ¬(p∨q) no es equivalente en absoluto a la operación tomar una decisión (p∨q), por tanto, desde este punto de vista la afirmación: «y eso también es una decisión» es completamente falsa.

Ahora bien, supongamos que el expresidente ha pretendido usar una ambigüedad (o juego de palabras). En un ejercicio de desambiguación podemos reescribir la frase de la siguiente forma: «A veces la mejor alternativa (=decisión) es negar la disyunción (=no tomar una decisión), y eso también es una opción válida (=decisión)». Por supuesto la sentencia ahora no es contradictoria ¿Quién se atrevería a prohibirnos optar por ¬(p∨q)? Recordemos la coletilla del principio de no contradicción: «Es imposible que un ente sea y no sea al mismo tiempo y en el mismo sentido».

Este ejemplo nos lleva a plantearnos otras situaciones frecuentes (y que en muchos casos han sido motivo de controversia durante siglos). Hablamos de las paradojas.

Una paradoja es un hecho o expresión aparentemente contrario a la lógica o al sentido común. A diferencia con la contradicción en la paradoja la contradicción es aparente, por tanto, existe algún fallo en el razonamiento o en la verdad de las premisas de partida que hemos considerado como ciertas.

Muchas paradojas encierran, en su aparente contradicción, verdades innegables del comportamiento del ser humano, de la sociedad o de la naturaleza, de la física o de la matemática. Algunas paradojas no resueltas aún son motivo de debate entre filósofos o científicos.

Hace un rato os decía que huyáis en lo posible de las tautologías y no caigáis en contradicciones en un debate. Ahora os digo: si sois capaces de enunciar una paradoja original y bien fundamentada demostraréis un gran sentido del humor inteligente, gran sabiduría. Tal vez vuestro coeficiente intelectual supera al de grandes científicos como Einstein o Hawking. Las paradojas estimulan el pensamiento y son siempre bienvenidas en cualquier debate. En el lenguaje cotidiano solemos usar muchas paradojas y su explicación es más o menos sencilla: «Menos es más», «lo barato, a la larga siempre sale caro», «quién bien te quiere, te hará llorar» o el bíblico: «Los últimos serán los primeros» (Mateo, 18, 4).

Otras nos pueden hacer pensar durante varios minutos y muestran la realidad nuestra o de la sociedad en que vivimos: «Si quieres la paz, prepárate para la guerra»; «¿por qué siendo el agua vital para la vida, los diamantes, absolutamente más prescindibles, son mucho más caros?»; «las sociedades extremadamente tolerantes serán destruidas por los intolerantes», «cuanto más democrática es una sociedad, menos influencia tiene tu voto»; «subir los impuestos no implica necesariamente recaudar más» o «las cepas de virus más contagiosas suelen ser las menos letales».

Grandes escritores o pensadores han usado paradojas en sus obras: «El corazón tiene razones que la razón no entiende» (Pascal), «La mejor manera de librarse de la tentación es caer en ella» (Oscar Wilde), «Vivo sin vivir en mí/, y tan alta vida espero/ que muero porque no muero» (Santa Teresa), «Soy ateo gracias a dios» (L. Buñuel), «Doy consejo, a fuer de viejo:/ nunca sigas mi consejo» (A. Machado).

Algunas frases con sentido paradójico son en realidad verdaderas contradicciones: «Yo solo sé que no sé nada» o la famosa paradoja del mentiroso en sus múltiples versiones: «Esta frase es falsa», no es que contengan aparentes contradicciones; son contradicciones formales y tal vez en ello reside la fuerza del mensaje, pues es un hecho que las paradojas suelen activar nuestras neuronas y en ocasiones despertar nuestras emociones: «Prohibido prohibir» (eslogan del mayo del 68).

Muchas paradojas se remontan a la Antigüedad y han sido motivo de discusión durante siglos en múltiples campos del pensamiento: «Si Dios es omnipotente, ¿puede crear un peso que no lo pueda soportar ni él mismo?» ha sido objeto de profundas discusiones teológicas para probar o refutar la existencia de un Dios creador. Las paradojas de Zenón sobre el movimiento y la imposibilidad de que el veloz Aquiles adelante a la lenta tortuga no se resuelven hasta el conocimiento matemático de las series infinitas convergentes.

No es objeto de este libro analizar la solución a las paradojas (algunas aún sin una explicación convincente).

Capítulo aparte (nos llevaría unos cuantos libros o tesis doctorales su análisis y posibles explicaciones) son las paradojas de la física o las matemáticas. No es necesario enunciarlas de forma rigurosa desde un punto de vista lógico o científico para darnos cuenta de que tras su aparente sencillez o humor estamos ante impresionantes retos del pensamiento: «La existencia de una vaca de color violeta incrementa la probabilidad de que los cuervos sean negros» (paradoja de Hempel), «El primer libro que debería estar prohibido es el catálogo de los libros prohibidos» o «Jamás aceptaría pertenecer a un club que admitiera como miembro a alguien como yo» (G. Marx) encierran en esencia el enunciado de la compleja paradoja de Russel: «El conjunto de los conjuntos que no forman parte de sí mismos únicamente puede formar parte de sí mismo si no forma parte de sí mismo», también conocida como la paradoja del barbero: «Un día el emir se dio cuenta de que no había suficiente número de barberos en su emirato y ordenó que los barberos solo afeitaran a aquellas personas que no pudieran afeitarse a sí mismas. Y así mismo por demostrar que podía imponer su voluntad y mostrar así su poder, impuso la norma de que todo el mundo se afeitase. Cierto día el emir llamó a As-Samet para que lo afeitara y le contó su verdadera inquietud, ansiedad e incluso desesperación: en mi pueblo soy el único barbero, y según su orden, no puedo afeitar al barbero de mi pueblo, ¡que soy yo!, ya que, si lo hago, entonces puedo afeitarme a mí mismo, por lo tanto ¡no debería afeitarme! Pues desobedecería el edicto publicado con vuestra orden. Pero si, por el contrario, no me afeito, entonces algún barbero deberá afeitarme, ¡pero como yo soy el único barbero de allí!, no puedo hacerlo y también así desobedecería a vos mi señor».

Viajes en el tiempo, universos paralelos, la muerte del conocido gato de Schrödinger… Por cierto, en Internet he encontrado al menos cincuenta entradas en las cuales el planteamiento, enunciado o resolución están planteados de forma completamente errónea mostrando un total desconocimiento de los autores sobre el tema. Recordad: en Internet los errores se propagan como la mala hierba.

La física cuántica, la teoría de la relatividad, los conceptos de espacio y tiempo la introducción de los infinitos da lugar a paradojas traspasando las fronteras de la física o la matemática para entrar de lleno en la cultura del cine de ciencia ficción, de la televisión o literatura.

Como hemos mencionado, no es el momento de enunciar o intentar resolver todas las paradojas de este mundo; finalicemos esta sección con una excelente reflexión de W. Thomson en 1887: «No hay lugar en la ciencia para las paradojas. Su eliminación consiste en la sustitución de ideas o afirmaciones falsas por otras verdaderas». Es decir, las paradojas surgen en la ciencia por nuestro propio desconocimiento de la realidad. Es paradójico lo que no sabemos explicar, lo cual no quiere decir que no exista en realidad y exista una explicación, principio o teorema que aún no conocemos. ¿No os suena al principio de la razón suficiente?

En ocasiones, nuestra propia falta de habilidades en una cierta materia puede hacernos elevar a la categoría de paradoja una sutil falacia. Pongamos un ejemplo matemático bastante popular que circula en las redes en modo de acertijo o paradoja sorprendente:

- Paso 1: partimos de una igualdad irrefutable (principio de identidad): -5 = -5
- Paso 2: expresamos el término -5 como resultado de dos sustracciones diferentes, pero que lógicamente dan el mismo resultado: 25-30 = 1-6
- Paso 3: sumamos 9 a ambos miembros de: 25-30 + 9 = 1-6 + 9
- Paso 4: nos damos cuenta de que los términos son los del cuadrado de una diferencia y descomponemos en sus factores: $5 \times 5 - 2 \times 5 \times 3 + 3 \times 3 = 1 - 2 \times 1 \times 3 + 3 \times 3$
- Paso 5: escribimos cada uno de los términos según el desarrollo del cuadrado del binomio $(a - b)^2 = a^2 - 2ab + b^2$
$(5 - 3)^2 = (1 - 3)^2$
- Paso 6: tomamos la raíz cuadrada a ambos miembros
$5 - 3 = 1 - 3$
- Paso 7: sumamos 3 en ambos miembros
$5 - 3 + 3 = 1 - 3 + 3$
- Conclusión: ¡hemos conseguido demostrar que no se cumple el principio de identidad!
$5 = 1$

Todos los pasos parecen en principio correctos… pero sabemos que en algún sitio tiene que haber algo mal ¿Lo ha encontrado ya el lector o se está enfrentando a una paradoja que le va a quitar el sueño? Es curioso que estos pequeños acertijos matemáticos suelen estar casi siempre encabezados por frases del tipo: «Solo el 5 % de las personas son capaces de descubrir este misterio en menos de un minuto». Evidentemente actuando como gancho para nuestro ego. ¿Está usted fuera de ese porcentaje privilegiado? Si es así, no se agobie en exceso, pero tome nota de un buen consejo de Perogrullo: para poder tener éxito en un debate o argumentación hay que conocer la materia de la que se habla. Ahora, le doy una pista si no ha resuelto el ejercicio: ¿elevar al cuadrado y hacer la raíz cuadrada son exactamente operaciones inversas?

Algunos métodos de razonamiento válido (inferencias)

Aprovechando el hilo del ejemplo matemático anterior, busquemos más métodos de razonamiento válido, ampliamente utilizados en esa disciplina básica.

Lo más simple, lo más robusto (no vamos a inventar nada) son los procesos directos, partiendo de una o varias igualdades, definiciones o axiomas vamos usando el proceso condicional p→q→r… concatenando las veces que haga falta hasta concluir la demostración.

Ejemplo: demostrar matemáticamente que $2 \times A = A + A$ partiendo de las siguientes definiciones y propiedades:

– El signo igual equivale a la operación lógica bicondicional.
– Definición del número dos: $1 + 1 = 2$.
– Principio de identidad. Todo número multiplicado por la unidad da lugar al mismo número: $1 \times A = A$.
– Propiedad distributiva: $(A + B) \times C = A \times C + B \times C$.

Demostración:

– Primer paso: usamos la definición de $2 = 1 + 1$, por tanto, $2 \times A$ implica $(1 + 1) \times A$.
– Segundo paso: propiedad distributiva, $(1 + 1) \times A = 1 \times A + 1 \times A$.
– Tercer paso: principio de identidad, $1 \times A = A$, por tanto, $1 \times A + 1 \times A = 2 A$.

Abandonemos la matemática, con ejemplo en una línea de razonamiento basada en una serie de suposiciones filosóficas y especulativas. La estructura lógica (A implica B, B implica C, C implica D) es válida dentro del marco de las premisas aceptadas. Sin embargo, no constituye una prueba definitiva ni empírica (y apuesto que la mayoría de los lectores no estaréis de acuerdo con la conclusión… o tal vez sí, nunca se sabe). Voy a demostrar que tenemos más probabilidades de vivir en un universo simulado del tipo *Matrix* que en nuestra realidad percibida.

- Una civilización tecnológicamente avanzada tendría la capacidad de crear simulaciones del universo indistinguibles de la realidad.
- Si una civilización ha alcanzado un nivel de desarrollo lo suficientemente alto, podría crear simulaciones de la realidad con entidades conscientes que no pueden distinguir entre su «mundo» y el original.
- Si una civilización avanzada crea muchas simulaciones, el número de seres conscientes dentro de ellas podría ser mayor a los del universo original.
- Si se crean miles o millones de simulaciones, cada una con miles de millones de seres conscientes, es más probable que la mayoría de los seres conscientes en existencia habiten en esas simulaciones.
- Si la mayoría de las entidades conscientes existen en simulaciones, es estadísticamente más probable que nosotros seamos parte de una simulación que parte de la realidad original.
- Conclusión lógica: nosotros, como seres conscientes, tenemos una mayor probabilidad de estar en una simulación que en el universo «real», porque las simulaciones serían mucho más numerosas.

En definitiva: de acuerdo con estas premisas, y siguiendo la lógica de inferencia directa, si aceptamos que es posible que una civilización avanzada cree simulaciones del universo, y que estas simulaciones alberguen más entidades conscientes que la realidad original, entonces es probable que nosotros mismos estemos viviendo en una de estas simulaciones, lo que podría describirse como un universo paralelo tipo *Matrix*. ¿Os he convencido? Bien, sigamos con ejemplos matemáticos, antes de caer en una paranoia.

Alternativamente también se consideran válidos los métodos indirectos como la contraposición en vez de intentar demostrar que $p \to q$ optamos por el razonamiento equivalente: $\neg q \to \neg p$.

Ejemplo: demostrar por contraposición que siendo n un número entero, si n^2 es par, entonces n también es par.

Demostración por contraposición:

- Paso 1: supongamos que n es impar, es decir no es par (no es 2 múltiplo de 2, $\neg q$).
- Paso 2: definición de elevar al cuadrado. $n^2 = n \times n$.
- Paso 3: el producto de dos números impares (es decir que no son 2 ni múltiplos de 2) tampoco contienen el 2 o múltiplos de 2 por lo que también es impar (es decir, no par). Hemos demostrado que $\neg q \to \neg p$.

Otro método indirecto muy citado en novelas de policías y detectives es la reducción al absurdo o contradicción. En investigación una aplicación de este método se conoce como establecimiento de la hipótesis nula; su origen lo podemos encontrar en la farmacología, para probar la efectividad de un medicamento planteamos la hipótesis de que no produce ningún efecto, es decir si tratamos a un grupo de población con él y sin él no hay diferencias significativas. Si queremos demostrar que $p \to q$ empezaremos asumiendo como verdadera $p \to \neg q$, si al probar esto llegamos a una contradicción entonces necesariamente $p \to q$.

Ejemplo: demostrar por reducción al absurdo que siempre existe un número primo mayor que el anterior. (Se reconoce a Euclides la autoría de esta demostración por reducción al absurdo).

Demostración por reducción al absurdo:

- Paso 1: recordemos que los números primos son aquellos que solo son divisibles por 1 o por ellos mismos. Partimos de la premisa de que los números primos no son infinitos y por tanto podemos enumerarlos con un conjunto de n elementos. Sea este conjunto P el formado por estos elementos: $p_1, p_2, p_3 \dots p_n$ siendo p_n el número primo mayor de todos.

- Paso 2: construyamos un número S formado por el producto de todos los números primos del conjunto añadiendo una unidad.

$$S = 1 + p_1 \times p_2 \times p_3 \times \dots p_n.$$

- Paso 3: este número según nuestra hipótesis inicial debería ser no primo. Claramente es mayor que el primo mayor p_n y por tanto no está en nuestra relación inicial de elementos del conjunto P.
- Paso 4: todos los números no primos por definición pueden dividirse por algún número del conjunto P distinto de 1 o de él mismo, pero el número S no es divisible exacto por ningún primo ya que siempre da resto 1, por tanto, es primo y hay que incluirlo en el conjunto P. Llegamos a la contradicción.

Todos estos métodos de razonamiento no son exclusivos de las matemáticas, los encontramos muy frecuentemente en sentencias jurídicas y, por supuesto, pueden emplearse en la vida diaria y obviamente en el proceso de la argumentación. Veamos otro ejemplo, fuera del campo matemático:

Ejemplo: todas las leyes penales de cualquier país establecen el principio básico de proporcionalidad entre las penas aplicadas y los delitos cometidos. Imaginemos una ley de un país que castiga con una pena de 500 € la posesión de 20 gramos de marihuana y con 20 años de cárcel el delito de narcotráfico. Se pide demostrar por reducción al absurdo que la posesión de 30 gramos de marihuana no puede considerarse delito de narcotráfico a pesar de no estar recogido este supuesto en la legislación de ese país.

Demostración por reducción al absurdo:

- Paso 1: asumimos como cierto que la posesión de 30 gramos de marihuana sea delito de narcotráfico y por tanto con penas de 20 años de cárcel.

- Paso 2: por el mismo motivo la misma pena deberá aplicarse a la posesión de 20,5 gramos y de 5 kilos.
- Evidentemente la sentencia está en contradicción con el principio de proporcionalidad.

El contraejemplo es otro método válido excelente para rebatir si alguien usa una generalización del tipo: «Todos los elementos del conjunto P cumplen la condición **q**». Bastará con encontrar un ejemplo perteneciente a ese conjunto para desmontar la argumentación.

- Todas las aves vuelan y eso les hace seres únicos en la naturaleza.
- Pingüinos y avestruces son aves y no vuelan; los peces voladores y las ardillas voladoras también vuelan y no son aves.

Como vemos, el contraejemplo puede asociarse con el de reducción al absurdo; a veces puede ser más fácil encontrar ejemplos en la negación del consecuente que en su afirmación.

Es frecuente, si aportamos ejemplos para rebatir un argumento, escuchar el tópico de: «Esa es la excepción que confirma la regla». Personalmente, como científico, odio esa frase (aunque es tentador usarla… y confieso que a veces la he empleado), No, ¡perdona!, la excepción lo que dice es que la regla está mal enunciada, es incompleta o claramente falsa. La excepción a la regla nos indica que efectivamente puede existir una regla o una correlación probabilística, pero no certeza. Esforcémonos en enunciar correctamente esa regla en su campo correcto de aplicabilidad.

El ejemplo que hemos introducido anteriormente nos ilustra también el riesgo de las generalizaciones apresuradas, es decir a partir de una muestra insuficiente de datos establecer una regla o tendencia (muchas previsiones electorales han resultado erróneas debido a sesgos en las muestras). Nuestra propia experiencia y la de nuestro entorno nos lleva en muchas ocasiones a ese tipo de generalizaciones, de las que ya hemos hablado en capítulos anteriores.

A modo de conclusión

En un debate, la comprensión y el uso estratégico de tautologías, paradojas y contradicciones pueden influir en la solidez de los argumentos:

— Las tautologías, al ser siempre verdaderas, pueden resultar útiles para reforzar puntos obvios o crear consenso. Sin embargo, abusar de ellas puede hacer que los argumentos parezcan triviales o vacíos de contenido, ya que no aportan información nueva.
— Paradojas, aunque intrigantes, son armas de doble filo. Pueden provocar reflexión y desafiar supuestos, pero también generar confusión. En un debate, es mejor usarlas con cautela para evitar que se perciban como evasivas o meramente retóricas.
— Las contradicciones son peligrosas, ya que socavan la coherencia de un argumento. Si un participante incurre en contradicciones, perderá credibilidad. En lógica, una contradicción indica que al menos uno de los supuestos es falso.

En resumen, aunque las tautologías pueden reforzar, y las paradojas invitan a la reflexión, las contradicciones son altamente perjudiciales. Utilizar estos elementos de manera consciente y estratégica es clave para un debate lógico y efectivo.

9. Vistiéndonos para la puesta en escena final

El lenguaje paralingüístico y gestual es tan poderoso como las palabras mismas. En capítulos anteriores hemos aprendido la importancia del respeto, a llevar nuestras alforjas de espíritu constructivo para afrontar un debate, argumentar sin falacias y con lógica, centrarnos en las ideas claves, documentarse correctamente y no entrar en contradicciones. ¿Nos queda algo por hacer? Me temo que sí. Tenemos que ponernos el traje de faena, mirarnos al espejo, respirar hondo, salir al escenario y poner en práctica las teorías aprendidas en los capítulos anteriores. No podemos terminar este libro sin abordar estos conceptos (por supuesto, daría para escribir cientos de manuales o tratados sobre ellos). No es el objetivo de este libro, y por ello, permitidme tratarlo a modo de cajón de sastre para vestir de gala el argumentario. Sea un debate, una presentación, una conferencia. Seguramente solo vas a tener una oportunidad para demostrar que tu cuerpo acompaña a tu mente.

La manera en que te expresas físicamente puede dar fuerza y credibilidad a tu mensaje o, por el contrario, sembrar dudas y distanciarte de tu audiencia. Ya sea en una conferencia, un debate, una entrevista de trabajo o al impartir una clase, dominar el arte de la expresión no verbal y el control escénico marca la diferencia entre una presentación impactante y una que pasa desapercibida. El dominio de tus gestos, miradas y posturas no solo potencia lo que dices, sino que también proyecta seguridad y empatía, creando una conexión genuina con tu público. Así, cuidar estos aspectos no es un detalle superficial; es la clave para que cada palabra que pronuncies llegue con fuerza y claridad.

Volvamos al doctor Spock y su lógica vulcaniana exenta de emociones humanas, ¿realmente estaba exenta? ¿Hubiera tenido el mismo éxito en la saga si el personaje en vez de un expresivo actor hubiera sido una inteligencia artificial con voz metálica emitida por una caja cuadrada? Pienso que no: supongo que los productores y guionistas eran muy conscientes de ello, ya que los sucesivos caracteres que asumen el personaje de perfil racional y lógico en las sucesivas temporadas siempre tienen en común que luchan por buscar su lado más humano y emocional (por ejemplo, la obsesión del androide Data es descubrir el secreto del humor). Más importante para lo que nos ocupa en este capítulo: sus personajes están representados por actores que, con sus gestos, sus expresiones faciales aguantan, en argot de cine, primeros planos llenos de emotividad.

¿Podríamos ganar en un debate de oratoria a una inteligencia artificial de última generación portadora de una ingente base de datos, con una lógica programada exenta de errores y que detectara instantáneamente nuestras falacias, desmontando uno tras otro nuestros argumentos? Seguramente no, de forma objetiva, pero ¿cabe la esperanza?, ¿cuáles serían nuestras armas?

Otra pregunta al hilo. ¿Por qué ciertos oradores resultan atractivos y convincentes y se llevan al público de calle y otros, independientemente de nuestras convicciones o gustos, nos resultan falsos, estereotipos, tediosos o simplemente aburridos? ¿Por qué un chiste malo nos hace reír si lo cuenta un buen humorista o nos hace bostezar si lo cuenta mi cuñado? ¿Por qué el cuento de Caperucita Roja que cuenta mamá es mejor que el cuento de Caperucita Roja que cuenta papá? ¿Por qué Fulano es un excelente profesor y Mengano es un muermo que imparte unas clases que no hay quien se las trague? ¿Por qué mi médico, mi entrenadora personal, mi abogada, mi farmacéutico me transmiten plena confianza, aun cuando en alguna ocasión se han equivocado en el diagnóstico?

La respuesta es evidente, tanto como que hay actores y actrices que ganan el Óscar al mejor actor/actriz, aunque su película no sea la mejor del certamen y a otros se les pita y abuchea, aunque representen la mejor obra de Shakespeare. La puesta en escena es fundamental, la capacidad de actuar, de introducir pausas, emociones, gestos, y humor en nuestro debate nos puede hacer ganadores, aunque no seamos el más sabio de entre los sabios.

Un buen compañero de facultad solía contar que los sentimientos primigenios como la curiosidad, el amor y la sorpresa mueven a los seres humanos. Es más fácil recordar nuestro primer beso que la primera reprimenda de nuestros padres; si estoy escuchando una conferencia de un premio Nobel que está presentando la cura definitiva del cáncer y en medio de la charla aparece un elefante en el escenario, seguramente con el tiempo recordaré la aparición del elefante, pero no me acordaré para nada del contenido de la conferencia.

Cuando celebré mis bodas de plata, todos nuestros amigos nos agasajaron con anécdotas, escritos preciosos y llenos de poesía. Uno de mis hijos intentó hablar, pero solo le salieron unas lágrimas de agradecimiento a sus padres. No fue capaz de leer su discurso. Eso es lo que más recuerdo de ese día. Me diréis, querido Eduardo, ¿en qué quedamos?, en el capítulo anterior nos ilustras que apelar a los sentimientos es una forma de manipulación, ahora lo alabas.

Vivimos en el gran teatro del mundo y, nos guste o no, el envoltorio hace más interesante el regalo.

Como siempre, un buen actor o actriz puede ser que nazca con el don de la naturalidad, de la expresividad, de la capacidad de transmitir y encandilar a la audiencia. Si es vuestro caso, saltaos este capítulo; en caso contrario, si no tenemos esos dones, ya sabéis lo que os toca: nada se consigue sin práctica y sin esfuerzo.

- somos tímidos: la vergüenza es un abrigo para dejar en el perchero al entrar en un cálido debate
- pronunciación torpe: ejercicios de vocalización
- hablamos demasiado rápido: aprendamos a introducir pausas
- dormimos a los muertos con nuestra voz: alternemos nuestros registros vocales
- no sabemos movernos en un escenario: libera tu cuerpo

- no sabemos contar un cuento a nuestros hijos o un chiste a nuestros amigos: ensaya ante el espejo
- queremos aprender a debatir: horas de práctica.

No está de más algunos consejos teatrales. Vamos a ello.

En primer lugar, seamos conscientes de la importancia del lenguaje gestual. Seamos observadores de nuestras posturas, de nuestras expresiones faciales, de nuestra forma de gesticulación. ¿Nuestra cara refleja nuestro estado de ánimo? ¿Nuestras manos acompañan a nuestras palabras? ¿Somos expresivos? ¿Somos exageradamente afectados? ¿Somos estatuas o nos movemos como zombis borrachos? ¿Tenemos tics nerviosos o muletillas? ¿Nos brillan los ojos cuando nos emocionamos? ¿Somos petulantes? ¿Nuestras sonrisas, nuestras risas son francas y sinceras? Probemos frente al espejo o, mejor, grabemos nuestras actuaciones. Escribamos una lista de lo que, en nuestra opinión, son nuestras mejores fortalezas y nuestras mayores debilidades. Hagamos sondeos entre los amigos de confianza (y entre nuestros queridos enemigos) sobre la sincera opinión que tienen de nosotros, nuestra forma de hablar, de gesticular, de vestir y contrastemos con nuestra propia lista.

Saber cómo somos y cómo actuamos por uno mismo puede ser un ejercicio difícil: muchos gestos son aprendidos o copiados de nuestros progenitores, amigos o personajes favoritos; otros innatos, la mayoría inconscientes; algunos bastante universales, algunos muestran claramente nuestras mentiras y dudas, otros intentan ocultarlas con mayor o menor éxito. En todo caso, difícilmente podremos interpretar las señales gestuales de los demás si no somos capaces de analizar las nuestras. Seamos observadores con nosotros mismos (y autocríticos). Analicemos con detalle qué patrones de gestos suelen acompañar a nuestras emociones más básicas: duda, temor, ira, vergüenza, dolor, pena…

Existen multitud de libros que nos pueden dar pautas sobre ciertos patrones gestuales del ser humano. He de reconocer: he leído unos cuantos, el tema me apasiona y me he visto todas las temporadas de la serie *Lie to me* en la que un psiquiatra y un grupo de científicos trabajan para el FBI descubriendo y atrapando cientos de asesinos, delincuentes y otras gentes de mal vivir, gracias a sus extraordinarias habilidades para identificar las emociones ocultas del ser humano a través de sus gestos, o mejor dicho a través de las sutiles expresiones (la mayoría de las veces inconscientes) que escapan al control del presunto mentiroso. La base de dicho conocimiento se fundamenta en los siguientes principios: las expresiones de los sentimientos por parte del ser humano son universales; nuestra capacidad para falsear es limitada ya que está sometida a procesos fisiológicos innatos.

Todos sabemos distinguir el dolor, la alegría, la ira, el miedo, la sorpresa… pero ¿sabemos todos distinguir una sonrisa sincera de una forzada?, ¿hemos caído ante los encantos de un manipulador profesional?, ¿cómo distinguimos el llanto de necesidad vital de nuestro recién nacido del llanto que solo pide llamar la atención? La contestación a esta última pregunta es bastante obvia: sus padres lo distinguen a la perfección. Dicho de otra manera. Todos somos distintos, todos tenemos nuestros propios gestos base, nuestra forma peculiar de mostrar o controlar nuestro nerviosismo y nuestras emociones. En general, solo los que nos conocen bien serán capaces de interpretarnos con un alto grado de acierto.

Nuestra cultura también juega un papel determinante. Un leve contacto físico o un intenso contacto visual, un beso en la mejilla de salutación pueden ser entendidos como señales de cercanía, apoyo, amistad y sintonía, pero también podría generar un sentimiento de rechazo, acoso o invasión de nuestro espacio vital. En ciertas culturas este hecho puede marcar grandes diferencias.

En un debate, podremos ganar cierta ventaja si somos capaces de interpretar un inesperado gesto en el repertorio de nuestro interlocutor. Esta gestos nos avisa de un cambio de actitud (típicamente, meterse una mano en el bolsillo, rascarse alguna parte del cuerpo, bajar el volumen de voz, evadir la mirada). Suelen aparecer inconscientemente en las partes más débiles de un discurso (o al contestar preguntas incómodas o bien dirigida a su línea de flotación), cuando la persona muestra dudas o bien cuando se siente tensa. Un orador experimentado no suele caer en esos pequeños deslices. Los políticos y tertulianos aplican una regla de oro ante las preguntas conflictivas: simplemente las ignoran con absoluta tranquilidad, contestan con una evasiva o con otro tema que poco o nada tiene que ver con la pregunta formulada y aprovechan a repetir sin salirse del plan alguna idea ya enunciada previamente.

Si no somos capaces de analizar con precisión las expresiones faciales o gestuales de los demás, tal vez podamos alcanzar un objetivo más modesto. Intentemos simplemente ser más observadores en nuestro vivir cotidiano. Prestemos más atención a los pequeños detalles que conforman la personalidad del que tenemos delante. Imaginemos que somos escritores y queremos incorporar a esa persona como un personaje de novela. ¿Cómo lo describimos a grandes rasgos?, ¿qué nos llama la atención?, ¿qué gestos o ademanes usa?, ¿cómo habla? Incluso podemos dar un paso más sin hacer grandes juicios de valor, simplemente anotemos: ¿qué nos agrada de esa persona?, ¿qué nos disgusta?, ¿qué nos ha transmitido en una primera impresión? Para la mayoría de nosotros este simple ejercicio nos permitirá mejorar nuestras capacidades de aproximación al lenguaje no verbal.

Yo os confieso que una de las cosas que más me molesta de la gente es la falta de naturalidad, el comportamiento superficialmente aprendido y artificial. Por tanto, más vale ser vosotros mismos con vuestros defectos y virtudes, con vuestra espontaneidad y (sin pasarse) ausencia de filtro y control que pretender ser o actuar como quien no sois. ¡Cuidado!, el ser uno mismo también tiene sus límites. Jamás podemos alegar: soy como soy, para comportarnos de forma ofensiva, zafia o agresiva.

El tema admite matices y podría ser objeto de discusión: ¿puede uno aprender a ser natural?, ¿se puede poner el alma en un baile del caribe sin ser caribeño, cantar cante jondo flamenco sin ser o tener raíces gitanas andaluzas? Las notas se pueden aprender, la técnica se puede imitar, pero y el sentimiento: ¿se puede aprender a sentir? Yo opino que sí (en caso contrario no tendría sentido haber escrito este libro). Ahora bien, la ecuación es bastante simple: lo que hemos vivido de niño nos lleva a habilidades relativamente fáciles de mantener (o incluso nos indica que llevamos asociado alguna predisposición genética) y muy difícil de perder (montar en bicicleta no se olvida); es lo que nos suele salir de forma natural y espontánea. No te desmoralices porque alguien tenga habilidades innatas de oratoria, naturalidad o simpatía. Tú también puedes, si bien requerirá mucho más esfuerzo y dedicación que si tus habilidades fueran innatas.

Si nos levantamos todos los días con una sonrisa, nos convertimos en expertos de la alegría; al igual que si todos los días nos levantamos con el ceño fruncido aprenderemos a ser unos perfectos gruñones. No olvidemos que nuestro estado de ánimo se manifiesta en nuestros gestos, pero nuestros gestos también pueden condicionar nuestro estado anímico. Hay actores que son capaces de asumir como propias las emociones de sus personajes y sufren, padecen y sienten en ese momento como lo hacen sus personajes a través de los gestos. Eso les hace ser naturales y creíbles. Un buen actor seguramente no representa simplemente un papel, más bien revive sus propias emociones y las proyecta en el personaje. Un buen actor no cae en los estereotipos, ni sus personajes son una sucesión de máscaras, salvo se busque el esperpento o la exageración.

Existen, por supuesto, actores, políticos, presentadores, tertulianos, participantes en *reality shows* sublimes que hacen que el personaje trascienda a la propia persona alcanzando grandes cotas de excelencia.

También podemos crear un personaje, más cercano o más alejado a nuestra forma de ser, que sea nuestro avatar, nuestra marca personal en los debates, nos haga sentir más cómodos que siendo nosotros mismos sin olvidar que el fin último del debate es la defensa de los argumentos. Debemos tener el siguiente convencimiento: somos los mensajeros de los dioses, creemos en el contenido del mensaje, estamos convencidos de su validez, lo presentamos de la mejor (y más respetuosa) manera posible. Nunca pretendamos ser los propios dioses en posesión de la verdad absoluta. Huyamos del lucimiento personal y exaltación de nuestro ego. En el equilibrio está el secreto: lenguaje directo y actitud sobria mejor que exceso de floritura.

No busquemos enfervorizar al público con soflamas a modo de mitin político o telepredicador. No nos dejemos engañar: en los mítines populistas, los gritos, los grandes gestos teatrales, las falsas manifestaciones de alegría, los encendidos mensajes arrancan vítores y aplausos de un público entregado… que generalmente ya estaba completamente convencido y compartía antes de acudir al evento ciegamente las ideas del orador. No es el caso cuando planteamos un debate. Habrá quien comparta nuestras ideas y quien discrepe. Nuestro objetivo es convencer con la fuerza de los argumentos de la manera más eficaz posible y con ayuda de todas las herramientas a nuestro alcance.

Hablando de habilidades: tengamos presente que hasta para ser el payaso tonto del circo o el bufón del rey también hay que ser muy inteligente.

Ejemplificando a Darwin: «El que sobrevive no es siempre el más poderoso, sino el que mejor es capaz de adaptarse al entorno». He visto a muchos oradores fracasar en su mensaje por no ser capaces de escuchar los mensajes corporales del público, no ser capaces de adaptarse a los registros del auditorio, no sentirse cómodos con el atril, con los medios audiovisuales, con el sonido, con los ruidos de fondo. Todos estos detalles deberían haberse tenido en cuenta previos al evento, pero apliquemos las leyes de Murphy: «Todo puede salir mal, y todo lo que va mal, puede ir a peor».

Salgamos un poco del debate a dos e imaginemos ahora que estamos solos ante el peligro. ¿Qué hacer si en el momento de subir al estrado en una importantísima conferencia que puede marcar mi vida profesional he perdido mis notas de orador?, ¿un virus informático ha corrompido mi maravillosa presentación audiovisual?, ¿no he sabido adaptarme al nivel medio del público (por exceso o por defecto) y empieza a levantarse la gente, a charlar entre ellos, a bostezar o mirar el reloj insistentemente?, ¿solo hay cinco asistentes en un salón con capacidad para doscientos? No pretendo asustar, pero os aseguro que estas cosas suceden y debemos saber salir de ellas con la mayor dignidad posible. Ahí es donde se ponen en juego nuestras dotes de orador y de preparada y trabajada capacidad de improvisación. Por supuesto no hay recetas mágicas para salir bien parados de una situación difícil, pero hay pautas que pueden ayudar en cualquiera de estas situaciones. La primera es tener imaginación y sangre fría. Yo suelo prepararme las conferencias o charlas la noche anterior imaginando situaciones posibles en el estrado (algunas plausibles, otras disparatadas) y me veo contestando y saliendo del paso ante una pregunta o una situación embarazosa. Visualizar la situación con los ojos cerrados. Hará que se grabe en la mente como si fuera un recuerdo realmente vivido. Por supuesto, este ejercicio jamás os debe llevar al pánico analizando todo lo horrible que podría pasar; más bien se trata de tener preparadas algunas vías de escape si algo se sale del guion.

Siempre debéis confiar en vuestro trabajo bien hecho previamente. A mis alumnos de doctorado que se enfrentan a la defensa de su tesis doctoral siempre les digo que no importa cuán inteligentes o sabios sean los miembros del tribunal. En ese tema en concreto, en ese momento determinado, de esa hipótesis que llevas tres, cuatro, cinco años trabajando y estudiando, tú sabes más que cualquier miembro del tribunal. Lo mismo si te han invitado a una conferencia, debate o mesa redonda. Si lo han hecho será por algo. Si no confías en estar a la altura de la exigencia tienes dos opciones, ambas igual de dignas: aceptar el reto y prepararte a fondo o renunciar haciendo ver con sinceridad que no eres la persona más adecuada para impartir esa conferencia o formar parte de esa discusión.

Personalmente no me gusta leer los discursos y prefiero el uso de un esquema con las ideas fundamentales o notas breves, pero ¿qué sucede si la ocasión requiere la precisión y exactitud del lenguaje escrito? ¿Qué sucede si tengo que leer ante un auditorio un escrito del que no soy el autor? Seamos conscientes que no todos los oradores son buenos lectores y viceversa. Y no todos los mensajes escritos están optimizados para su lectura en voz alta. La solución: ensayar, ensayar, ensayar. Hacer el relato lo más próximo a nuestro registro oral. Modular la voz, cuidar las pausas. Salirse un poco del texto mirando al público. Aunque leamos, ser capaz de improvisar escuchando al público y su lenguaje corporal. Cuanto más tiempo se dirija la mirada hacia el auditorio que hacia el papel, mejor.

También se aplica cuando impartimos una clase o una conferencia apoyada por medios audiovisuales. Las diapositivas no pueden sustituir al orador ¿Estamos leyendo el texto? ¡¿Qué pasa, la audiencia no sabe leer?! ¿Estamos proyectando tablas con tanta información que ningún ojo humano a la distancia del público puede ver? Un buen conferenciante solo debería necesitar una imagen evocadora tras de sí, unos dibujos o fotografías, tal vez, fórmulas o ideas básicas (a desarrollar con cierto detalle), para que el público entienda mejor el concepto (si es complejo), refuerce el mensaje principal, siga la coherencia y el orden de la charla o lección. El protagonismo siempre en la personalidad, las inflexiones de voz, la confianza del orador, su gestualidad, sus explicaciones al margen, sus llamadas a la atención. Todo ello también se aplica en el debate.

En ocasiones tendremos que improvisar. Casi todos los profesores de cierta edad tenemos anécdotas del tipo: cuando era becario me encargaron, sin tiempo para preparar, la impartición de tal clase o conferencia, porque el profesor titular se había tenido que ausentar por cierto motivo.

Permitidme contar una anécdota: recientemente he sido nombrado Académico Correspondiente de la Real Academia Nacional de Medicina. Todo un reto y un honor para alguien cuya titulación no es la de médico. Deseoso por participar en cuantos actos fueran organizados por tan prestigiosa institución, me apunté a una lectura continua de la obra de nuestro prestigioso Nobel, don Santiago Ramón y Cajal. En dicho tipo de eventos, se desconoce el texto asignado hasta unos minutos antes del turno de intervención. Llegué con unos veinte minutos por adelantado a mi hora asignada. Mi turno, el 26; en ese momento el lector 15 declamaba su texto. Calculé que dispondría no más de diez minutos para estudiar la dinámica del acto, ubicarme mentalmente en el atril del orador, realizar una primera lectura del texto, analizar su estructura, buscar los momentos de inflexión de la voz, de las pausas, entender e interiorizar el mensaje del autor, en definitiva: aplicar las recomendaciones que con tanta seguridad he escrito en el presente libro.

Primer error: no llevo nada con que marcar el texto. Hubiera sido bueno marcar las pausas y los énfasis. Memorizo la primera frase, para no iniciar la lectura mirando al papel o dudar en el arranque. Mientras, analizo con espíritu crítico las declamaciones de los que van accediendo al estrado para no caer en los mismos errores. Ahora están leyendo alumnos de segundo de bachillerato. La mayoría lee de forma plana y monótona. Con ambas manos sujetan el folio y lo elevan a la altura de los ojos; en algunos se percibe el temblor de la voz y del papel. El atril no es tal: es una pequeña mesa.

No penséis, queridos lectores: a pesar de tener muchas tablas en el escenario, nadie se libra de esa sensación física de mariposas en el estómago previo a salir al estrado. Eso es normal, no temáis mientras no se produzca un bloqueo por miedo escénico. Si nos asalta o si nos entran dudas de última hora: respira y mantén la calma, repasa mentalmente el plan de ruta que has trazado y tus breves notas, el orden con que aparecerán tus ideas o diapositivas. La conexión y coherencia de tu relato te garantiza una guía, una red, un flotador. Jamás te vas a quedar en blanco.

Controla tus pensamientos: cambia pensamientos negativos por positivos. Imagina que estás en la defensa de tu tesis doctoral o tu examen de ingreso en una oposición. Tus habilidades como orador pueden marcar tu futuro, pero no es el momento de pensar en ello. Diseña tu intervención como una conversación en la que te vas a mostrar tal cual eres; olvídate de los exámenes. Mira a los miembros del tribunal y responde a sus preguntas como si fuera una elegante charla, un intercambio de ideas y conocimientos. Ello contribuirá a sentir el ambiente menos agresivo. Si algo se escapa a tus conocimientos, no temas confesarlo. En lo que dominas: expresa tus opiniones y puntos de vista con convicción. Por último, si te asaltan los nervios, visualiza mentalmente tu éxito. Como os he mencionado anteriormente, los días antes de tu presentación ya has tenido tiempo de analizar todos los males de este mundo y visualizado tus puertas de escape. Ahora es el momento de disfrutar.

Pero continuemos con mi lectura de la obra de Cajal. El texto que debo leer es complejo al primer vistazo, pero está bien ordenado: cinco párrafos, claramente diferenciados. Se inicia con una pregunta retórica seguida de una acotación: «¿Qué me importa –pensaba yo– carecer de libertad?». Ideal para iniciar la lectura con fuerza, mirando al auditorio. Memorizo el arranque. Por supuesto desconozco el contexto general del texto, pero imagino al premio Nobel escribiendo estas líneas. Intento visualizar sus emociones, ¿qué pretendía transmitir? Busco los puntos de pausa y de énfasis de voz. Existen palabras en cursiva. ¡Perfecto, aquí podemos poner el acento! Una llama mi atención, ¡peligro!, *inadmirabilidad*, riesgo de titubeo. Lo repito varias veces en voz baja para acostumbrarme al sonido. El tercer párrafo admite intensidad: todas las frases están con signos de admiración. Con satisfacción compruebo que no existen muchos encadenamientos del sonido *rr*. ¡Nunca he podido emitir ese fonema correctamente, por mucho que me esfuerce!

Estoy listo, en pantalla salta mi número de intervención. Se han preparado dos puntos de lectura: a la izquierda un lector ha iniciado su intervención. Me coloco en el atril de la derecha, esperando mi turno. Compruebo la posición del micrófono. Adaptación al medio: tengo la ventaja de ser bajito; puedo depositar el papel sobre la mesa, lo que me permite tener las manos libres para gesticular y mirar al público entre párrafo y párrafo o en los puntos de alta intensidad.

Todo perfecto… casi. En un momento compruebo que me he inventado una palabra del texto. Sonrío para mis adentros. No rectifico lo que ya ha salido de mi boca. ¿Quién se va a dar cuenta? ¡Me he metido tanto en el personaje; hasta el punto de modificar el texto del ilustre don Santiago Ramón y Cajal!

Volvamos, a las buenas prácticas del conferenciante. Ya hemos dedicado parte de un capítulo a ello: sea nuestro primer mandamiento: «Lo bueno y breve, dos veces bueno». Si nos han asignado un tiempo de veinte minutos, es mejor tener preparado el cierre en el minuto diez y ocho que en el veintiuno. Mejor que quede en la audiencia el sentimiento subjetivo: «¡Se me ha hecho corto!», en vez de: «¡Lo que ha contado lo podía haber hecho en la mitad de tiempo!». Y entre lo primero y lo segundo objetivamente solo difieran poco más de dos minutos, por debajo o por encima del horario previsto. Si estamos acostumbrados a ser capaces de quitar lo superfluo en nuestro discurso, estaremos preparados para saber cortar a tiempo en caso de que las cosas vayan mal y no someter al auditorio a un mayor suplicio. Aunque pueda pensarse que estos consejos están orientados a la impartición de conferencias también deberíamos aplicarlos cuando estamos en posesión de la palabra en cualquier intervención pública o debate.

Otra buena estrategia: al mal tiempo, buena cara. El humor es siempre una buena salida. Pensemos que lo que a nosotros nos está molestando al auditorio seguro le incomoda mucho más. Hagamos que el público sea cómplice de la situación. Mala audición. Temperatura inadecuada. Pésimos medios de proyección. Solo cinco personas en el auditorio. Bien, cambiemos el guion. «Yo tenía preparada una aburridísima charla para hablar desde aquí arriba, pero, dado que los hados están hoy en contra nuestra, transformemos esto en un productivo cambio de opiniones. ¿Me permiten que me siente con ustedes?, o mejor, vayamos al bar de enfrente y hablemos del tema de la charla de manera más informal. A las cervezas invito yo. No, me dicen los organizadores que eso no es posible. Bueno, empecemos».

El auditorio, el público nos marca muchas veces el éxito o fracaso de nuestro debate o discurso. Acostumbraos a mirarlo y observar sus reacciones. Un consejo que puede funcionar cuando estéis nerviosos o inseguros. Si conseguís identificar a alguien que lanza señales de aprobación durante vuestra intervención, acudid a él frecuentemente con la mirada para reafirmar vuestro discurso. Si veis a alguien con gestos de desaprobación, mirando el reloj continuamente o bostezando, de momento no os centréis en lo negativo. Os pondrá mucho más nerviosos y socavará vuestra confianza. Una vez superado esos instantes de vacilación, por supuesto, no se debe incurrir en el error de buscar refugio únicamente en el público que lanza señales de aprobación, olvidando quienes abandonan la atención. Nunca perdamos el contacto con la audiencia, ¿percibimos más caras de aburrimiento que de entusiasmo? Es el momento de cambiar el tono.

A modo de conclusión

La importancia del lenguaje gestual como apoyo de la comunicación. El lenguaje corporal complementa las palabras y añade profundidad al mensaje. Gestos, posturas y expresiones faciales adecuadas refuerzan el contenido y logran captar y mantener la atención de la audiencia. Un lenguaje gestual sincero y acorde con el mensaje genera mayor empatía y credibilidad.

La confianza es la clave para persuadir. La autoconfianza basada en el trabajo previo, proyectada en el escenario es fundamental para establecer un vínculo sólido con la audiencia. Al hablar con seguridad y calma, el orador no solo inspira respeto y credibilidad, sino que también facilita que el público se sienta cómodo y receptivo a los argumentos expuestos.

Exponer los argumentos de manera clara y estructurada facilita la comprensión y retención del mensaje. Utilizar una narrativa atractiva y adaptar el tono, ritmo y volumen de la voz permite destacar los puntos clave y crear un discurso que resuene en el público.

La comunicación efectiva implica no solo hablar, sino también observar y adaptarse a las reacciones del público. Reconocer señales de interés o distracción permite ajustar la presentación en tiempo real para maximizar el impacto del mensaje.

En resumen, tu capacidad de convencer no solo depende de qué se dice, sino de cómo se dice. La combinación de un lenguaje gestual adecuado, confianza y una puesta en escena bien planificada permite transmitir los argumentos de manera efectiva, logrando así el objetivo final: conectar con la audiencia y dejar una impresión duradera.

10. A modo de conclusión: algunas reflexiones y un debate que nunca existió

¿Estás preparado? ¿Me he dejado algo esencial que debas saber? Por supuesto, al final y a la postre, tu personalidad, tu formación previa o el tono elegido va a marcar el ritmo y el devenir de la discusión. Pero, recuerda, puedes crear un personaje que te represente y en el que te sientas cómodo. Un personaje, que no puede tomar decisiones propias, que tiene que ceñirse a la estrategia que tú has planificado cuidadosamente. Tu chispa, tu agilidad mental podrán aparecer de forma improvisada, pero todo dentro de una planificación previa. Hablemos sobre esto.

Estás defendiendo una tesis o una hipótesis. Debe ser una afirmación específica y clara, que responda directamente a la cuestión en debate. No te vayas por las ramas. No debe ser ambigua ni sobrecargada de ideas. Una tesis bien definida permite una estructura más coherente en el debate, y los oyentes la retendrán con más facilidad. Evita la neutralidad: en un debate es crucial que tu tesis exprese una postura clara. Una posición neutral o imprecisa puede hacer que los argumentos parezcan menos sólidos.

¿Qué tipo de línea argumental has seleccionado? Tal vez te sientas más cómodo en plantear una estrategia basada en la lógica y el razonamiento deductivo o inductivo. ¿Por qué no usar la empatía o las emociones para conectar con el público? ¿Hemos preparado el debate en base a datos estadísticos, a la apelación de fuentes o expertos relacionados con el tema (cuidado: no caigamos en la falacia de la autoridad)? ¿Nuestra estrategia principal se sustenta en argumentos éticos apelando a principios morales o valores universales? Todos estos tipos de argumentación son válidos; intenta moverte con variedad y equilibrio. Recomiendo combinar distintos tipos de argumentos para mantener el interés del público y evitar la monotonía, pero uno debería ser nuestra baza más sólida y mantenernos en esa línea. Podrás alternar entre un tipo u otro, pero siempre habrá algunos que has marcado como prioritarios. Igual que con tu tesis, céntrate e identifica tus argumentos principales. Selecciona los puntos más relevantes para respaldar tu tesis. Prioriza argumentos con un fuerte impacto y evidencias robustas. Huye de los tópicos. Sorprende con novedosos puntos de vista a problemas conocidos. Recuerda, también: tus gestos te acompañan de forma inconsciente. Si estás plenamente convencido de la solidez de un argumento, trasladarás tu emoción al público. Si dudas, tu lenguaje gestual te delatará.

Hemos dedicado un capítulo a ello, pero no puedo dejar de insistir a modo de conclusión en la correcta documentación y selección de información. Es importante enfatizar la relevancia de usar datos actuales y verificables para respaldar los argumentos. Evita, por otra parte, la sobrecarga de información; un buen comunicador selecciona cuidadosamente los datos más impactantes y evita inundar al público con información innecesaria. No hace falta contar todo lo que sabes, pero tú debes saber más de lo que cuentas.

Los datos y hechos se deben entrelazar con la narrativa, de modo que el discurso no se perciba como una simple exposición de información, sino como un relato coherente. Crea una trama como si crearas una novela: presentación, nudo, desenlace.

En un debate, en una tertulia, en una reunión de amigos, se pondrá a prueba nuestra capacidad de contraargumentación: anticipación de los contraargumentos. Prevé los puntos de vista opuestos y prepara respuestas adecuadas. Este paso fortalece la credibilidad y muestra dominio del tema. Refutación respetuosa: aborda los contraargumentos sin menospreciar al oponente. Esto permite construir un debate más persuasivo y ético. Lo hemos visto en diferentes capítulos del libro (recuerda a Hegel: tesis, antítesis, síntesis). Reconocimiento de puntos válidos de los argumentos contrarios. Esto demuestra apertura mental, fortaleciendo tus propios argumentos al situarte desde una visión más objetiva del tema. No vale el no, porque no.

Concluye con una reafirmación de tu propia postura. Tras objetar los argumentos contrarios, es crucial volver a ratificar tu tesis inicial y demostrar cómo la evidencia o la lógica siguen favoreciendo tu postura. Eso, o reconoce con elegancia que los argumentos de tu contrario te han [vencido]... convencido.

Ejemplo de debate respetuoso con argumentos lógicos

Antes de terminar. Confieso: me declaro defensor a ultranza de la revisión por pares doble ciego. Para los no iniciados, se trata de un método de evaluación de trabajos o textos en el que ni los autores ni los revisores conocen el nombre de los demás. Para la mayoría del mundo académico se considera el sistema más sólido para garantizar la calidad de los textos publicados. Merced a la libertad de expresión de los evaluadores, no sometidos a juicios subjetivos o presiones por el posible principio de autoridad o prestigio del autor o su institución se garantiza la objetividad.

Hace unos años, escribí una novela negra ambientada en la trama del incendio de la Torre Windsor de Madrid[9]. Tuve la suerte de contar con la amable disposición del difunto Alfredo Pérez Rubalcaba, que se prestó a realizar la presentación (según sus propias palabras: «No sé muy bien si como exministro o como amante de la novela negra»). El caso es que mencionó que no estaba de acuerdo conmigo en una idea política que aparecía en una de sus páginas. Bromeando me dijo que me perdonaba ya que la propia novela usaba en algún momento la palabra «utopía». Nos emplazamos a una discusión para debatir tan interesante tema delante de un buen café. La muerte se lo llevó a los pocos meses. Creo que el debate hubiera sido el

[9]   Eduardo Guibelalde del Castillo. *Ya no vuelan cometas en los cerros del viento*. Sevilla: Universo de Letras, 2018.

mejor ejemplo de intercambio de ideas respetuoso y constructivo que ahora podría trasladar a este libro. En su ausencia, en homenaje a su figura, he pedido a la inteligencia artificial que argumente en contra mía, como tal vez lo hubiera hecho el profesor y político don Alfredo Pérez Rubalcaba. Me temo que la IA no está a su nivel, pero nos sirve de ejemplo. Transcribo primero la utopía de la novela y el ejemplo de argumentación que podría suscitar.

> Su magna gran idea, que llevaba varias semanas proclamando a quien quisiera sentarse a su mesa, era la concepción de un nuevo sistema parlamentario: no más partidos políticos en su concepción cerrada y torpe de miras, siempre luchando por sus propios intereses; «¿qué significa la palabra militancia?», explicó el anciano, «militancia deriva de militar, sinónimo de inteligencia irracional de obediencia ciega a las órdenes del superior jerárquico, sin cuestionar el bien o el mal hacer o proceder; muerte a la tiranía del voto dirigido por el partido, a la disciplina de voto sin posibilidad de juzgar o razonar la conveniencia de una buena propuesta legislativa». Su idea se fundamentaba en que la mayor parte de las propuestas de ley debían solicitarse por iniciativa popular y después redactarse por hombres y mujeres buenos, independientes, sabios o expertos en el campo de que se tratara. El Parlamento debería votar posteriormente las leyes y las enmiendas a su redacción, pero con un sistema doble ciego, es decir, sin saber quién o qué colectivo había redactado el artículo legislativo. Las sugerencias de mejora de la ley que cada parlamentario redactara también serían anónimas, así como su voto final. «¿Para qué queremos tantos parlamentarios, si votan todos como si fueran un computador? Elijamos a unos cuantos, elijamos solo a los mejores. Los parlamentarios deberían ser personas de mente clara y abierta y que voten en conciencia por el bien de la sociedad y, admitámoslo, quizás en función de sus creencias o convicciones, pero, sobre todo, que no se dejen manipular por nadie. Solo el doble ciego garantiza la pureza del

avance científico y evita el mísero ego humano. Las herramientas que han permitido avanzar en el conocimiento técnico y científico deberían trasladarse y aplicarse también a la arena política».

Argumentación en apoyo de la propuesta (mis argumentos)

La idea de un sistema parlamentario sin partidos políticos ofrece una solución audaz y prometedora a los problemas inherentes de la democracia representativa actual, que a menudo se encuentra dominada por intereses partidistas y el sometimiento a las líneas de partido. Uno de los puntos más fuertes de esta propuesta es su rechazo a la militancia entendida como obediencia ciega. En efecto, el término militancia, con su raíz en militar, se asocia a una actitud de disciplina sin cuestionamiento lo que podría ir en contra de la capacidad crítica y el juicio independiente que debería caracterizar a los parlamentarios. Esto genera un escenario en el que los representantes actúan más como soldados de un partido que como auténticos legisladores en representación de los ciudadanos.

Además, el sistema basado en iniciativas populares y expertos independientes aportaría un enfoque meritocrático y más justo. Las leyes, redactadas por personas con conocimientos específicos, garantizarían que las decisiones se basaran en una comprensión profunda y bien fundamentada de los asuntos. Este enfoque promueve una democracia más participativa y, al mismo tiempo, asegura la calidad técnica de las normativas. Las leyes estarían en manos de personas capacitadas, no de políticos sin experiencia en cada ámbito.

El sistema de doble ciego es un avance notable en esta propuesta. Al implementar el anonimato en la votación y redacción de propuestas, se elimina el sesgo personal y partidista que frecuentemente contamina las decisiones legislativas. Los parlamentarios votarían sin saber quién redactó las leyes y sin revelar sus votos, reduciendo la posibilidad de influencias y presiones externas, especialmente de grupos de interés o *lobbies*. Además, esta medida podría fomentar un debate más honesto y una reflexión más profunda en cada parlamentario, que votará en conciencia y no por obediencia a un líder o ideología específica.

Finalmente, esta reforma responde a la necesidad de profesionalizar la política. Un Parlamento compuesto por menos personas elegidas entre las más sabias y capaces evitaría la repetición de votos mecánicos o dirigidos. La exigencia de tener una mente clara y abierta refleja un ideal de responsabilidad y competencia en los representantes, asegurando su compromiso con el bien común y no con intereses partidistas. Este sistema no solo haría que el proceso de legislar sea más eficiente, sino que también fomentaría la confianza de la ciudadanía en sus representantes, al verlos actuar de forma autónoma y responsable.

Argumentación en contra de la propuesta (IA)

Pese a su apariencia innovadora, esta propuesta de un sistema parlamentario sin partidos presenta varios riesgos y dificultades prácticas que podrían llevar a resultados indeseados. En primer lugar, la eliminación de los partidos y el cuestionamiento de la militancia como obediencia ciega no considera la función estructural de los partidos en una democracia. Los partidos no solo representan ideas y visiones del mundo, sino que también canalizan y organizan la voluntad popular, dando voz a los intereses de distintos sectores de la sociedad. Sin partidos, el sistema corre el riesgo de fragmentarse, generando un Parlamento desorganizado y carente de dirección clara.

Por otro lado, la idea de redactar leyes mediante la intervención de expertos podría desconectar a los ciudadanos de los procesos de decisión política. Aunque los expertos son necesarios en la formulación de políticas, confiar exclusivamente en ellos en la redacción de leyes puede derivar en una tecnocracia. Esto limitaría la diversidad de perspectivas, ya que las leyes solo reflejarán los puntos de vista de aquellos considerados expertos en cada campo, en lugar de integrar las experiencias y valores de la sociedad en su conjunto.

El sistema de doble ciego presenta también ciertos desafíos. La idea de hacer anónimos los votos y las autorías de las propuestas podría reducir la responsabilidad de los legisladores, quienes no tendrían que rendir cuentas públicamente por sus decisiones. La transparencia es fundamental en la política democrática, y el anonimato absoluto podría debilitarla, dificultando que los ciudadanos evalúen la labor de sus representantes y generando una posible desconexión entre el Parlamento y el pueblo. Sin transparencia en las votaciones, se pierde la capacidad de fiscalizar la actuación de los parlamentarios y se podría fomentar la desconfianza ciudadana.

Finalmente, la propuesta de seleccionar a «los mejores» y reducir el número de parlamentarios conlleva el riesgo de concentrar el poder en un pequeño grupo de personas, lo que podría derivar en una élite política aislada de la ciudadanía. Determinar «los mejores» es una tarea subjetiva y compleja, que podría generar un sistema cerrado y excluyente. La diversidad y la pluralidad necesarias para una democracia robusta se verían afectadas limitando la representatividad del Parlamento.

* * *

El texto que tienes entre manos ha sido revisado dentro de la metodología de doble ciego. Puesto que: «De bien nacido es ser agradecido», quiero expresar mi reconocimiento a los dos evaluadores que han contribuido con sus acertadas observaciones y sugerencias al enriquecimiento de este libro.

No resisto la tentación de copiar aquí uno de los comentarios de uno de estos evaluadores anónimos; bien podría aparecer en la primera página de este libro. Nada mejor que sus palabras (con su permiso) para cerrar este libro:

Considero importante que una editorial universitaria recoja el interés de un profesor de su comunidad sobre este tema, que considero vital en el contexto universitario en un momento histórico en dónde un buen expediente o un alto grado de conocimientos no garantiza el éxito profesional de un alumno. El debate debería ser materia de enseñanza transversal, pero obligatoria en cualquier Facultad o Escuela universitaria independientemente de la naturaleza de sus estudios, de humanidades, científicos o técnicos.

Creo crucial que los docentes, sin importar su área de conocimiento, asuman un papel protagónico en la tarea de incentivar el debate en el ámbito universitario, ya que este ejercicio no solo enriquece el pensamiento crítico, sino que también fomenta habilidades esenciales como la argumentación, la escucha activa y el respeto por las diferentes opiniones. La ausencia de un debate robusto entre los estudiantes limita su capacidad de enfrentar los desafíos intelectuales y profesionales que exige el mundo contemporáneo.

En las universidades anglosajonas, el debate es una herramienta educativa central que forma parte integral de la metodología de enseñanza. A través del debate, los estudiantes no solo adquieren conocimientos, sino que aprenden a analizarlos desde múltiples perspectivas, lo que les permite desarrollar una comprensión más profunda y matizada de los temas tratados. En cambio, en muchas universidades de nuestro entorno, esta práctica no tiene el mismo protagonismo, lo que contribuye a una desventaja en el desarrollo de competencias clave para la vida académica y profesional.

Además, la falta de una cultura de debate limita la capacidad de los estudiantes para participar en discusiones globales y académicas, donde se valoran habilidades como la oratoria, la defensa razonada de ideas y el pensamiento independiente. Por esta razón, se vuelve imprescindible que los profesores lideren la promoción de estas dinámicas dentro de las aulas, generando espacios que incentiven el cuestionamiento, el análisis crítico y la expresión articulada de ideas. Solo a través de un esfuerzo conjunto, nuestras universidades podrán cerrar la brecha con las instituciones anglosajonas, preparando a los estudiantes no solo para enfrentar los retos del presente, sino también para ser actores relevantes en la construcción de sociedades más reflexivas y democráticas.

Gracias por leer este libro, ojalá creemos entre todos un mundo en donde el debate inteligente marque nuestras disputas.

Bibliografía recomendada

Una pequeña lista de mis favoritos. Libros serios, libros de autoayuda, libros de filosofía, de comunicación, de educación, de retórica, ejercicios prácticos de teatro y oratoria, juegos... De cualquier libro, aunque sea malo, siempre se aprende algo útil; de los buenos, todo aprendizaje es poco.

Allen, Steve. *Cómo detectar mentiras y engaños a través del lenguaje corporal.* Torraza Piamonte, Italia: CreativeSpace, 2016.

Allen, Steve. *Falacias lógicas.* Torraza Piamonte, Italia: CreativeSpace, 2017.

Allen, Steve. *Tácticas de conversación para principiantes.* Torraza Piamonte, Italia: CreativeSpace, 2017.

Calvo, Ernesto y Natalia Aruguete. *Fake news, trolls y otros encantos.* Buenos Aires, Argentina: Siglo XXI Editores, 2020.

Cañas, José. *Taller de juegos teatrales.* Barcelona: Octaedro, 2014.

Chaline, Eric. *101 dilemas para filósofos de sillón.* Madrid: Ediciones Oberon, 2020.

Goleman, Daniel. *La inteligencia emocional.* 19ª ed. Barcelona: Kairós, 1997.

Goleman, Daniel. *La práctica de la inteligencia emocional.* 9ª ed. Barcelona: Kairós, 1999.

Kahneman, Daniel. *Pensar rápido, pensar despacio.* Barcelona: Debolsillo, 2021.

Llantada, Alejandro. *El libro negro de la persuasión.* Wroclaw, Polonia: Persuasion Institute of Americas, 2013.

Mantovani, Alfredo, Borja Cortés, Encarni Corrales, José Ramón Muñoz y Pablo Pundik. *IMPRO 90 juegos y ejercicios de improvisación teatral.* Barcelona: Octaedro, 2016.

Maquiavelo, Nicolás. *El príncipe (comentado por Napoleón Bonaparte).* 42ª ed. Madrid: Espasa Calpe, 2007.

Miralles, Fernando. *Descubre el arte de hablar en público.* Barcelona: Vanir, 2022.

Montaner, Pedro e Hilari Arnau. *Práctica de la lógica proposicional.* 3ª ed. Barcelona: Vicens-Vives, 1997.

Moreno, Francisco. *Así nos comunicamos en sociedad.* Madrid: Ediciones Complutense, 2024.

Motos, Tomás y Francisco Tejedo. *Prácticas de dramatización.* Ciudad Real: Ñaque, 2007.

Naja Bentzen. «Disinformation and Democracy», vídeo de European Parliamentary Research Service 4:22 min. Publicado el 22/12/1918. https://youtu.be/-KH1uj1ZB3A.

Pease, Allan. *El lenguaje del cuerpo (Cómo leer el pensamiento de los otros a través de sus gestos).* Barcelona: Ediciones Paidós, 1994.

Piñuel, José Luis y Carlos Lozano. *Ensayo general sobre la comunicación.* Barcelona: Ediciones Paidós, 2006.

Ramón y Cajal, Santiago. *Los tónicos de la voluntad.* Madrid: Consejo Superior de Investigaciones Científicas, 1982.

Rincón, Francisco y Juan Sánchez-Enciso. *La fábrica del teatro.* Barcelona: Teide, 1987.

Sánchez-Carrero, Jacqueline. *Educar en el aula sobre* fake news: *manual para docentes y cuaderno de trabajo.* Wroclaw, Polonia: Independently Published, 2020.

Savater, Fernando. *El valor de educar.* 8ª ed. Barcelona: Ariel, 1997.

Schopenhauer, Arthur. *El arte de tener razón. Expuesto en 38 estratagemas.* 12ª ed. Barcelona: Alianza Editorial, 2021.

Severo, Juan José. *La narración oral artística y escénica. Técnicas y recursos para iniciarse.* Madrid: Narcea Ediciones, 2018.

Tzu, Sun. *El arte de la guerra.* Madrid: Dojo Ediciones, 2018.

Vallejo-Nájera, Juan Antonio. *Aprender a hablar en público hoy.* 11ª ed. Barcelona: Planeta, 1990.

Wood, Tony. *Hablar, escuchar, debatir y argumentar. Habilidades de comunicación oral para 7-12 años.* Madrid: Narcea Ediciones, 2017.